GUTEN FLUG

Caroline Stöppler

GUTEN FLUG

Ein satirisches Cartoon- und Lesebuch

Zeichnungen von Muhsin Omurca

Bibliografische Information der Deutschen Nationalbibliothek
Die Deutsche Nationalbibliothek verzeichnet diese Publikation
in der Deutschen Nationalbibliografie; detaillierte bibliografische
Daten sind im Internet über http://dnb.d-nb.de abrufbar.

2. Auflage © 2009 Caroline Stöppler
Umschlagdesign, Satz, Herstellung und Verlag:
Books on Demand GmbH, Norderstedt
Illustration: Muhsin Omurca
ISBN 978-3-8370-5242-8
Printed in Germany

Inhalt

VORWORT

Diese Aufzeichnungen sind meinen Kolleginnen und Kollegen des Frankfurter Flughafens gewidmet, die täglich mit der Weltbevölkerung arbeiten. Begegnungen mit Menschen verschiedener Kulturen, Religionen und Temperamente sind nicht selten interessant und abwechslungsreich. Trotz problematischer Ereignisse und stressbeladener Situationen bleibt auch Raum für heitere Begebenheiten.

Der Flughafenalltag bringt alle Nachteile eines operativen Bereiches mit sich. Verspätungen führen Personal und Passagiere an die Grenzen ihrer Belastbarkeit. Menschen, die genauso illegal wie vergeblich einzureisen versuchen, wehren sich nicht selten mit allen Mitteln gegen die unfreiwillige Rückreise. Anonyme Fälle in Meldungen wie »Endlich härteres Vorgehen gegen Asylanten« bekommen Gesichter – mit Augen voller Angst oder Resignation und Bitterkeit. Wenn Reiseveranstalter pleitegehen und die vor Wut kaum zu beruhigenden Geschädigten neben ihrem Geld auch die Nerven verlieren, muss oft Polizeischutz angefordert werden. Das ist für alle Beteiligten belastend. Verbale Ausrutscher können ebenso verletzen wie die Androhung oder Ausführung physischer Gewalt.

Politische Veränderungen und ihre Auswirkungen sind am Flughafen sofort spürbar, nämlich dann, wenn durch geänderte Gesetze die Einreise ohne Visum nicht mehr möglich ist. Dann werden Passagiere direkt in ihr Heimatland abgeschoben.

Es sind Menschen mit all ihren Eigenschaften, die sich begegnen und den Stoff liefern für Tragödien oder Komödien. Der Flughafen ist ihre Bühne, auf der sie die Hauptrolle spielen und täglich ihren Auftritt haben. Manchmal tauschen sie die Rollen und werden zu Publikum. Mit den Rollen werden die

Verkleidungen und Masken abgelegt. Mancher in Uniform schlüpft so in die Rolle des Passagiers und umgekehrt. Zum Vorschein kommen erst Wut und Aggression, doch dann Verständnis und Einsicht. Aus Ignoranz wird Akzeptanz und die Annäherung an das Unbekannte, das Fremde – sowohl in sich selbst als auch in dem anderen Menschen.

Caroline Stöppler

FLUGHAFEN-DIALOGE

Ist das eine sichere Fluggesellschaft, mit der ich jetzt fliegen werde? Ich habe nämlich Flugangst.«

»Da kann ich Sie mit einem Piloten-Zitat beruhigen: Das Gefährlichste am Fliegen ist die Fahrt zum Flughafen.«

»Können Sie sich drei Sachen gleichzeitig merken?«

»Ja, wenn Sie langsam sprechen.«

»Ich hätte gerne drei Plätze zusammen, und zwar im Nichtraucher und ganz vorne. Und in der richtigen Klasse, falls Sie Tickets lesen können!«

»Habe alles verstanden: Erstklassige Plätze für erstklassige Passagiere.«

»Guten Flug und schönen Urlaub.«

»Ich muss arbeiten – von wegen Urlaub! Heute nach New York und einen Tag später schon wieder zurück. Und dann auch noch gleich weiter nach Asien. Das Fliegen ist zum Kotzen!«

»Warten Sie bitte damit, bis Sie an Bord sind. Wir haben leider keine Kotztüten am Schalter.«

»Ach, ein Nichtraucher-Flug! Darf man denn trinken?«

»Ja, Drinks gibt es genug und gutes Essen auch.«

»Eigentlich langweilig – ohne Zigarette danach!«

»Sie haben Übergepäck, also zu viel Gepäck.«

»Aber ich bin doch schlank und nicht schwer!«

»Dann dürften ja manche Passagiere überhaupt kein Gepäck haben.«

»Darf ich Ihnen meinen Papiermüll geben?«
»*Warum? Habe ich einen grünen Punkt?*«

»Ich danke Ihnen für Ihre Hilfe. Ich liebe Sie für immer!«
»*Ja, wie im richtigen Leben – bis zum nächsten Tag.*«

»Jetzt machen Sie aber mal gefälligst schneller mit dem bisschen Gepäck – aber dalli!«
»*Ich bin hier auf der Arbeit und nicht auf der Flucht.*«

»Fliegen Sie mit?«
»*Leider nicht. Ich bleibe am Boden. Dafür werde ich bezahlt.*«
»Schade. Sie sollten heute mit in die Luft gehen!«

»Was wiegen wir denn zusammen?«
»*Das weiß ich nicht, kann Ihnen aber sagen, wie schwer Ihr Gepäck ist.*«

»Sie haben nur noch mittlere Plätze?«
»*Ja, leider. Der Flug ist ausgebucht.*«
»Hoffentlich haben wir asiatische Nachbarn.«
»*Weil Ihnen die Europäer oder Amerikaner unheimlich sind, wegen ihrer Größe?*«
»Groß dürfen sie ja sein – aber nicht so dick!«

»Sind Sie Raucher oder Nichtraucher?«
»*Das geht Sie überhaupt nichts an!*«

»Ihre Bordkarten, bitte.«
»*Ey, Schorsch! Jetzt gib doch der Schaffnerin endlich die Karten!*«

»Wieso Verspätung wegen Nebel?«
»Schauen Sie doch mal raus. Man kann kaum etwas sehen.«
»Interessiert mich nicht! Ich bin doch hier drinnen!«

»Wo geht denn die Maschine nach Las Palmas ab?«
»Mit wem fliegen Sie denn?«
»Ey, mit meiner Frau natürlich!«

»Können Sie uns schöne Plätze geben? Wir sind sieben Raucher und zwei Nichtraucher. Die beiden Nichtraucher haben erst vor kurzem mit dem Rauchen aufgehört und sind jetzt ganz nervös ohne ihre Zigaretten.«
»Jetzt trinken die neuen Nichtraucher mehr?«
»Ja, sie trinken mit Begeisterung. Sie machen auch noch andere Dummheiten. Haben sich schließlich nicht alles abgewöhnt!«

»Machen Sie den Schalter zu. Ich nehme Sie mit nach Palma.«
»Sorry, habe leider eine Sonnenallergie.«

»Möchten Sie in der Raucher- oder Nichtraucherzone sitzen?«
»Ist mir egal!«
»Mir auch!«

»Ist der Intershop hinter der Passkontrolle?«
»Ja, der Duty-free ist hinter der Passkontrolle.«

»Sind Sie voll?«
»Nein, ich bin nicht voll. Der Flug ist ausgebucht.«

»Zu welchem Pier muss ich jetzt gehen?«
»Das Schiff legt an B43 ab.«

»Können Sie mir einen Platz backbord geben?«
»Linke Seite des Flugzeugs?«
»Genau! Haben Sie einen Bootsführerschein?«
»Nein, leider nicht. Ich fahre nur Auto.«

»Wünsche Ihnen einen guten Flug.«
»Danke, gleichfalls.«
»Das ist sehr nett, aber ich fliege nicht mit.«

»Sie können mich mal am Arsch lecken!«
»Jetzt habe ich leider keine Zeit. Sie können nachher gerne wiederkommen.«

»Haben Sie eine Beruhigungstablette für meinen Hund?«
»Nein, haben wir hier am Schalter leider nicht.«
»Typisch Deutschland! Lausiger Service!«

»Seit wann sitzen denn solche Bauern wie Sie am Erste-Klasse-Schalter?«
»Seitdem so Bauern wie Sie Erste Klasse fliegen.«

»Ihr vegetarisches Essen ist reserviert – wie Sie es bestellt haben.«
»Ich will aber kein vegetarisches Essen! Ich esse sehr gerne Fleisch!«
»Jetzt haben wir den Salat!«

»Ich hätte gerne einen Platz an der Gangway.«
»Dazu brauchen Sie kein Ticket, denn die Fluggasttreppe bleibt hier.«

»Sie können uns auseinander setzen. Ich möchte auf keinen Fall neben meiner Frau sitzen!«

»*Kein Problem — der Jumbo ist groß genug.*«

»Raucher oder Nichtraucher ist mir egal. Aber auf keinen Fall möchte ich neben einem Schwarzen sitzen!«
 »*Zusammensetzung der Passagiere nach Hautfarbe können wir nicht berücksichtigen.*«

»Sie haben ein vegetarisches Essen bestellt?«
 »*Ja, ich bin Vegetarier. Allerdings trinke ich Alkohol, haha …*«

»Darf ich bitte Ihren Reisepass sehen?«
 »*Nein, der geht Sie gar nichts an! Sie sind ja kein Grenzbeamter!*«
 »Ihren Reisepass, bitte.«
 »*Ich bin Deutscher!*«
 »Gratuliere!«

»Palma?«
 »*Spanien.*«

SWISS AIR

RUSSIAN AIR

TURKISH AIR

IRAN AIR

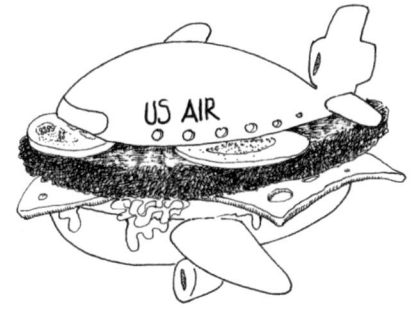

US AIR

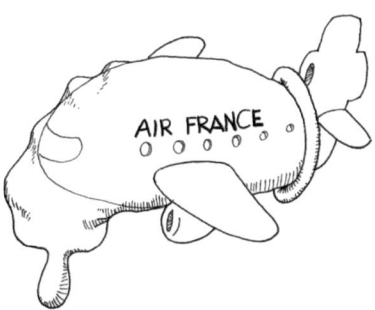

AIR FRANCE

»Warum leben Sie denn überhaupt noch in Deutschland? Kommen Sie doch nach Amerika – in das Land der Millionäre!«
»Wenn es das Land der Millionäre ist, warum fliegen Sie dann mit diesem billigen Charter-Ticket?«

»Und wo muss ich jetzt hin?«
»Der Flugsteig ist noch nicht bekannt. Sie können auf der Informationstafel nachsehen.«
»Und wo soll ich jetzt hingehen?«
»Das weiß ich nicht.«

»Sind Sie Raucher oder Nichtraucher?«
»Das weiß ich noch nicht!«

»Haben Sie einen Gangplatz, wo ich das Bein ausstrecken kann?«
»Ja, ist noch frei. Allerdings bekommen Sie den nur, wenn Sie der Stewardess kein Bein stellen.«

»Machen Sie mal schneller! Schließlich zahle ich Ihr Gehalt!«
»Was sind Sie von Beruf?«
»Lehrer.«
»Dann zahle ich Ihr Gehalt.«

»Ganz Deutschland stinkt wie ein Aschenbecher! Sie sollten hier überall Rauchverbot einführen, wie bei uns in Amerika!«
»Ja, Zigaretten sind verboten – Waffen erlaubt.«

»Warum beantworten Sie meine Fragen mit Gegenfragen?«
»Warum nicht?«

»Ich bin müde von dem langen Flug und habe jetzt noch einen vor mir. In welchem Land bin ich hier eigentlich?«

»Herzlich willkommen in Deutschland!«
»Um Gottes willen!«

»Ist es noch weit bis zur nächsten Toilette?«
»Kommt darauf an, wie schnell Sie laufen können.«

»Kennen Sie das Land der unbegrenzten Möglichkeiten?«
»Ja, Amerika.«
»Falsch geraten! Das Land der unbegrenzten Möglichkeiten
ist die Türkei. Da ist alles möglich!«

»Früher war in Deutschland alles besser organisiert!«
»Ja. – Leider.«

»Wo kann ich hier Frankfurter Würstchen kaufen?«
»Im Supermarkt, zwei Etagen tiefer.«
»Ich will sie aber gleich essen!«
»Am Schalter haben wir leider keine.«

»Wird die Erste-Klasse-Lounge von Franzosen besucht?«
»Warum ist das für Sie wichtig?«
»Ich will mit Franzosen nichts zu tun haben! Ich bin Australier,
das müssen Sie verstehen – wegen der Atomtests auf Mururoa!«

»Ihr Deutschen seid alle blöd!«
»Danke. Ich werde es meinen Landsleuten ausrichten.«

»Checken Sie mein Gepäck gleich durch und vergessen Sie
nicht die Erste-Klasse-Anhänger. Und vor allen Dingen das
Gepäck an den richtigen Ort schicken, falls Sie sich in Geo-
grafie auskennen!«
*»Genau in dieser Reihenfolge, oder kann ich mit der Kontrolle
Ihres Reisepasses beginnen?«*

»Sie machen doch Witze, dass der Flug über Wien nach Asien geht?«

»Der Flug geht über Wien und dort ist eine Stunde Aufenthalt. Warum ist das ein Witz?«

»Ich bin heute in aller Herrgottsfrühe in Salzburg losgefahren, um hier in Frankfurt zu erfahren, dass ich auch in Wien hätte abfliegen können!«

»Einen Reisepass gibt es doch erst ab dem 16. Lebensjahr, was Sie eigentlich wissen müssten!«

»Haben Sie keinen Kinderausweis für Ihren Sohn dabei?«

»Haben wir nicht und brauchen wir nicht! Der Mofa-Führerschein genügt! Hauptsache, seine Identität stimmt. Jetzt stellen Sie sich doch nicht so an – Beamtenheinis!«

»Ihr Sohn kann ohne Reisepass nicht in Asien einreisen. An den Passkontrollen in aller Welt stempeln Beamtenheinis weder Führerscheine noch Angelscheine.«

»Setzen Sie mich auf keinen Fall neben so eine hässliche Alte!«

»Vielleicht schlafen Sie ein. Dann merken Sie nicht, wer neben Ihnen sitzt.«

»Das stimmt nicht! Wenn ich aufwache, werde ich wieder nüchtern sein – aber die Alte bleibt hässlich!«

»Wir Engländer brauchen doch kein Visum für Australien!«

»Es ist bereits eine ganze Weile her, dass Engländer ohne Visum in Australien einreisen konnten.«

»Das könnte stimmen. Vielleicht zu der Zeit, als man noch mit der Galeere unterwegs war.«

»Ich habe mir das Bein gebrochen und brauche deshalb einen Platz am Notausgang.«

»Nein, das ist leider nicht möglich. Diese Plätze dürfen nur an Passagiere ohne körperliche Einschränkungen vergeben werden.«
»Hören Sie mal! Ich kann mit Gipsbein vielleicht schneller rennen als Sie!«

»Mir ist ein Missgeschick passiert, denn ich habe mir im Urlaub mein linkes Bein gebrochen. Können Sie eventuell den Platz neben mir freilassen, damit ich meinen Nachbarn nicht störe?«
»Ein gebrochenes Bein ist vielleicht besser als ein gebrochenes Herz.«
»Ja, das stimmt. Mit einem gebrochenen Herzen könnte ich jetzt aber besser laufen!«

»Wenn der Flug nicht ausgebucht ist, kann ich dann zwei Plätze haben? Ich würde gerne schlafen. Ich war gestern zu lange in der Disco.«
»Auf diesem Langstreckenflug bleiben noch viele Plätze frei und Sie können sich entscheiden, ob Sie tanzen oder schlafen wollen.«
»Wenn noch so viele Plätze frei sind, kommen Sie doch mit. Dann können wir Liebe machen!«

Indischer Geschäftsmann: »Zu welchem Ausgang muss ich jetzt gehen?«
»Die Nummer des Flugsteigs ist noch nicht bekannt. Vermutlich wird es Halle B werden.«
»Hall B?«
»Yes. To B or not to B.« (Sein oder Nichtsein.)
»Jetzt habe ich verstanden! Sie sind wohl Philosophin?«
»Ja. – Am Flughafen geworden.«

»Sie sind zu spät. Die Maschine ist gerade weg.«
»Ah, gehns! Für aan Öösterreicher weerns doch bittschön die Maschin aufholten!«

»Naa – kenn mer net! Gehns – buchens um und trinkens a Melange.«

Vor uns steht eine Frau mit deutlich gewölbtem Bauch und weiter Kleidung.

»In der wievielten Schwangerschaftswoche sind Sie und haben Sie ein ärztliches Attest dabei?«

»Unverschämtheit! Ich bin nicht schwanger und kann schließlich nichts dafür, dass ich so dick bin!«

Wenn Passagiere den Warteraum verlassen wollen, müssen sie den Abschnitt ihrer Bordkarte mit dem Namen hinterlegen.

Eine neue Kollegin spricht einen Gast an:

»May I have your slip, please?«

Das schallende Gelächter ringsherum irritiert die neue Kollegin, denn sie ist sich nicht bewusst, dass »slip« sowohl Abschnitt als auch Unterhose bedeuten kann.

Auf die Frage antwortet der britische Passagier lachend:

»Nein, das geht wirklich nicht! Meine Unterhose können Sie nicht haben. Die lasse ich lieber an, wenn ich fliege.«

DER KUNDE IST KÖNIG

Ein deutscher Passagier beschwert sich lautstark, weil er keinen Fensterplatz mehr bekommen hat. Es folgt die bekannte »Schlechter Service«-Kommentierung.

Die Begründung, es seien keine Fensterplätze mehr vorhanden, interessiert den aufgebrachten Herrn überhaupt nicht. »Wie viel kostet es denn, einen zu bekommen?«, fragt er sichtlich gereizt. »Bestimmt haben Sie noch welche! – Und die lassen Sie sich wohl immer gut bezahlen, wie ich mir vorstellen kann.«

Ich ignoriere die Frage und gebe die Reiseunterlagen zurück, während ich ihm einen guten Flug wünsche. Andere Fluggäste schütteln wortlos den Kopf.

»Bei dieser Fluggesellschaft ist der Kunde wohl doch kein König, wie man ja sehen kann!«, brüllt der Renitente. »Das wird für Sie ein Nachspiel haben!«

Bevor ich antworten kann, mischt sich ein österreichischer Fluggast ein. Er sieht den deutschen Herrn an und fängt plötzlich an zu lachen. Dann sagt er spöttisch: »Beruhigen Sie sich doch endlich! Und überhaupt – wer will denn schon die Monarchie zurück, mein Herr!«

Die Umstehenden quittieren den Scherz mit Gelächter. Das Gesicht rot vor Wut, die Lippen fest zusammengekniffen, geht der deutsche Passagier auf den grinsenden Österreicher zu. Die Spannung steigt. Doch plötzlich wendet der Deutsche sich ab und hat es plötzlich sehr eilig, den Schalter zu verlassen.

Als der Österreicher an die Reihe kommt, stellt er lächelnd seinen Koffer ab. Dann macht er ein ernstes Gesicht und sagt laut: »Und jetzt geben Sie mir einen Fensterplatz, ich bin nämlich Kaiser!«

AUGENBLICKE

Hektisches Treiben am Ausgang eines voll ausgebuchten Fluges mit über 300 Gästen. Der Warteraum ist schon überfüllt. Passagiere, die keinen Sitzplatz haben, stehen herum und warten auf die erlösende Ansage. Bis zum Einsteigen ins Flugzeug ist allerdings noch über eine Stunde Zeit.

Eine attraktive Frau im Minirock betritt den Warteraum. Viele Männerblicke folgen der jungen Frau und halten sie im Visier. Einen der Herren fasziniert dieser Anblick derart, dass er Raum und Zeit vergisst – einschließlich seiner Zeitung, die ihm entgleitet. Als sich die Dame im Minirock bückt, um etwas in ihrem Handgepäck zu verstauen, ist es um den Herrn vollends geschehen. Doch plötzlich wird er aus seiner Fantasiewelt herausgerissen. Ein Schlag auf den Hinterkopf, den ihm seine neben ihm sitzende Ehefrau verpasst, holt ihn wieder in die Realität zurück.

Einige Beobachter dieser Szene lachen in sich hinein. Manche der Herren greifen sich allerdings instinktiv an den Kopf. In männlicher Solidarität bedauern sie den Geblendeten. Andere männliche Zuschauer verbergen ihre Köpfe hinter Zeitungen und riskieren vorsichtige Seitenblicke in die Richtung des Minirocks.

Die attraktive Dame hat nicht nur unter den Passagieren für Aufsehen gesorgt. Unsere Kollegen sind bei diesem Flug doch sichtlich unkonzentriert und müssen augenzwinkernde Blicke der Kolleginnen über sich ergehen lassen – die sie allerdings nicht bemerken.

Schließlich kann die Ansage erfolgen und die Passagiere verlassen erleichtert den überfüllten Warteraum. Plötzlich hören wir lautes Gelächter. Nun haben selbst wir Mühe, ernst zu bleiben, denn beim Einsteigen ins Flugzeug ist einer der Passagiere von dem Anblick der Minirock-Dame so abgelenkt, dass er an der Flugzeugtür stolpert und stürzt.

»Während des Fluges können wir ihr eine Decke umhängen. Sonst wollen alle Männer einen Gangplatz haben, um sie besser sehen zu können, wenn sie ihren Platz verlässt«, lautet der trockene Kommentar der Crew an Bord.

SO EIN TAG, SO
WUNDERSCHÖN WIE HEUTE

Ein deutscher Familienvater stellt das Gepäck ab und sucht nach seinen Dokumenten. Die Familie möchte er später holen. Es sind noch über drei Stunden Zeit bis zum Abflug.

»Ich bin früher gekommen, wegen der eventuell besseren Auswahl der Plätze«, sagt der Herr gut gelaunt. »Auch wegen meiner Kinder, die sich sonst immer um die Fensterplätze streiten«, lacht er und stellt seine Koffer auf das Gepäckband.

»Bei über zwölf Stunden Flugzeit nach Asien ist es schon wichtig, wie man sitzt«, stimme ich ihm zu. Die Reisepässe sind in Ordnung, bis auf den des Familienvaters. Ich sehe noch einmal nach. Irrtum ausgeschlossen. »Ihr Reisepass ist nicht mehr gültig«, muss ich ihm mitteilen.

»Das ist doch nicht möglich!«

»Doch, es stimmt. Sehen Sie selbst.«

»Was soll eigentlich noch alles passieren?«, fragt er bleich. »Heute habe ich mein Auto zu Schrott gefahren. Es war meine Schuld. Und jetzt ist vielleicht unser Urlaub im Eimer!«, sagt der Familienvater leise und resigniert, während er zerstreut und langsam seine Unterlagen einpackt.

»Sie haben noch genügend Zeit, um zum Passamt in die Stadt zu fahren und Ihren Reisepass verlängern zu lassen. Es ist zum Glück kein Wochenende«, schlage ich ihm vor.

»Ja, es ist Montag – ein guter Wochenstart!«, sagt der Herr und lächelt gequält.

»Ich kann Ihnen Plätze reservieren. Eine halbe Stunde vor Abflug sollten Sie allerdings spätestens hier sein.«

»Vielen Dank. Dann drücken Sie mir die Daumen, dass auch

alles so klappen wird! Bei meinem heutigen Glückstag habe ich da kein sehr gutes Gefühl«, verabschiedet er sich skeptisch.

Die Passagiere steigen bereits ins Flugzeug ein. Bis zum Abflug ist nur noch eine halbe Stunde Zeit und die Familie noch nicht angekommen. Nach weiteren zehn Minuten erscheint sie plötzlich, abgehetzt, doch fröhlich.

»Jetzt sind wir quitt!«, sagt die Frau grinsend, während die Kinder zustimmend nicken. »Vor einem Jahr habe ich aus unserem Neuwagen Schrott gemacht – wie heute mein Mann.«

»Es hat alles gut geklappt. Vielen Dank für Ihre guten Ratschläge. Sie haben mir Mut gemacht, denn ich dachte schon, dass unser Urlaub wirklich dahin ist«, sagt ihr Mann erleichtert. »Auf dem Passamt waren sie sehr freundlich. Zweihundert Mark haben mich Taxi und Gebühren gekostet, aber die habe ich gerne bezahlt, statt der Stornierung unserer Reise. Nach all dem Missgeschick bin ich jetzt reif für die Insel!« Lachend entschwindet er mitsamt seiner Familie.

Das Amt für Einwohnerwesen hat einen Ansprechpartner, dessen Namen die Betroffenen bei all ihrem Stress gerne hören: Herr Sorgenfrei.

DAS ANGEBOT

Der Jumbo rollt auf Position. Die Polizei steht bereit, um einen Passagier zu verhören, der die Crew und andere Fluggäste belästigt hatte. Nach einer Stunde Bodenzeit soll das Flugzeug nach Asien starten – mit oder ohne diesen Transitpassagier.

In betrunkenem Zustand hatte der Passagier an Bord 500 US-Dollar aus der Tasche gezogen und sie einer Stewardess für einen »Quickie« geboten. Der schnelle Verkehr fand jedoch nicht statt. Empörte Fluggäste hatten eingegriffen und die verstörte junge Stewardess beschützt. Gemeinsam mit der Crew überwältigten sie den Betrunkenen. Nachdem er nichts mehr zu trinken bekommen hatte, war er schließlich für mehrere Stunden eingeschlafen.

Nach der Landung in Frankfurt ein böses Erwachen: Beim Verlassen der Maschine wird er von Polizeibeamten empfangen und verhört. Der Passagier ist schlagartig nüchtern.

Nach langen Diskussionen trifft die Fluggesellschaft eine Entscheidung: Verzicht auf Anzeige. Allerdings auch Verzicht, ihn als Gast zu befördern. Er wird samt Gepäck abgeladen und muss seine Reise unterbrechen. Der Stationsleiter spricht mit dem Passagier, der ihn fassungslos ansieht. Er entschuldigt sich für sein Fehlverhalten, an das er sich wegen seines Alkohol- und Tablettenrausches nicht mehr genau erinnern kann.

Plötzlich kniet der Passagier vor dem Stationsleiter nieder und fleht ihn an: »Das können Sie mir nicht antun! Ich muss dringend zum Meeting. Wie soll ich denn jetzt hinkommen?«

»Wir werden Sie nicht mehr befördern. Sexuelle Belästigung ist kein Kavaliersdelikt. Wir akzeptieren Ihr Verhalten und Ihre Entschuldigung nicht.« Der Stationsleiter bleibt hart.

Das Verhör durch die Polizei ist beendet und die Beamten verlassen den Flugsteig. Der Passagier aber lässt nicht locker und bearbeitet den Stationsleiter. Dann nimmt er alle Medikamente aus seinem Handgepäck heraus und stellt sie auf den Schalter. Einiges, was die Pharmaindustrie an »Gute-Laune-Pillen« zu bieten hat, kommt dabei zum Vorschein. Eine erneute Entschuldigung wird ebenfalls nicht akzeptiert. Resigniert und ratlos bleibt er stehen.

»Sie können noch an Ihrem Meeting teilnehmen. Eine andere Fluggesellschaft wird Sie befördern. Auf Alkohol und Tabletten müssen Sie allerdings verzichten, denn man wird während des Fluges gut auf Sie aufpassen«, lenkt der Stationsleiter schließlich ein. Als er geht, ignoriert er die ausgestreckte Hand des Passagiers.

Der ernüchterte Herr packt alle Tabletten zusammen und verstaut sie wieder in seinem Handgepäck. Er weicht den Blicken der anderen Fluggäste aus, die ihn anstarren. Mit hängenden Schultern verlässt er schließlich den Flugsteig.

An der Passkontrolle steht er geduldig in der langen Schlange mit anderen wartenden Fluggästen. Plötzlich senkt er den Kopf. Eine junge Frau schaut ihn an. Es ist die Stewardess, die er mit seinem »Angebot« belästigt und beleidigt hatte.

ENTSCHULDIGUNG

Nach stundenlanger Verspätung kommen die Fluggäste zum Warteraum. Dort müssen wir ihnen per Ansage mitteilen, dass mit einer weiteren Verspätung zu rechnen sei. Wir erläutern den Grund und bitten um Entschuldigung. Die Ansage ist noch nicht beendet, da entsteht bereits Unruhe im Warteraum. Die ersten wütenden Passagiere verlassen den Raum.

Ein aufgeregter Herr kommt gestikulierend auf uns zu und fängt sofort an zu schreien: »Was heißt hier Verspätung zu entschuldigen! Ich entschuldige überhaupt nichts!«

Andere Fluggäste sehen verstohlen zu ihm hin. Manche von ihnen nicken zustimmend, ohne Kommentar.

»Und außerdem – was soll eigentlich das ganze Geschwafel von Ihnen?«, brüllt der Passagier.

Noch einmal und ausführlich versuchen wir dem aufgebrachten Herrn zu erklären, dass die Verspätung durch überfüllten Luftraum zustande gekommen ist. Doch wir kommen nicht weit, denn wir werden sofort unterbrochen. Drohend hebt der Mann die Hand und das Geschrei geht erst richtig los: »Sie lügen doch und halten uns hier alle nur hin! Ich bin doch nicht bekloppt – aber Sie!«, zetert er weiter. Dann beginnt er mit den anderen wartenden Fluggästen eine hitzige Diskussion, die wir allerdings nicht mit sachlichen Informationen stören wollen.

Nach einer weiteren Stunde des Wartens schließlich die erlösende Ansage. Die Passagiere können einsteigen. Wir entschuldigen uns noch einmal für die Verzögerung des Abflugs und andere Unannehmlichkeiten. Die meisten Passagiere hören nicht mehr zu, sondern drängeln sich vor, um so schnell wie möglich in die Maschine zu kommen.

Jedem Fluggast wird auf dem Weg zum Flugzeug ein kleines Präsent überreicht, auf dem ein Entschuldigungskärtchen befestigt ist. Als der Passagier erscheint, der sich am lautstärksten beschwerte, nimmt er sein Präsent zwar zunächst entgegen, gibt es aber sofort zurück. »Das können Sie sich in die Haare schmieren!«, sagt er wütend.

»Vielen Dank, aber ich hatte heute bereits eine Kurpackung im Haar«, rufe ich dem Herrn nach, der es plötzlich sehr eilig hat, der allgemeinen Heiterkeit zu entfliehen.

DER PROFESSOR

Am Erste-Klasse-Schalter erscheint ein älterer, sichtlich zerstreuter Herr und sucht seine Unterlagen zusammen. Außerdem fahndet er nach seiner Brille.

Der Herr erzählt von einem für ihn sehr wichtigen wissenschaftlichen Kongress in Asien, an dem er teilnehmen wird. Offensichtlich ein Professor. Allerdings müsse er sich noch auf seine Rede vorbereiten. Dann entdeckt er plötzlich seine Brille auf der Nase und kramt erleichtert weiter nach seinen Reiseunterlagen.

»Die Erste Klasse ist doch hoffentlich nicht ausgebucht?«, fragt der Professor nun besorgt. »Ich muss noch an meinem Vortrag arbeiten und wäre Ihnen sehr dankbar, wenn ich ausnahmsweise keinen Nachbarn neben mir ertragen müsste.« Er lächelt gequält. »Die meisten Menschen gehen mir auf die Nerven – mit ihrem Wortmüll!«

»Ich kann Sie beruhigen. Das Flugzeug ist in der Ersten Klasse halb leer. Ich kann einen Platz neben Ihnen freihalten, damit Sie in Ruhe arbeiten können«, biete ich ihm an.

Ein strenger Blick über die Brillengläser hinweg trifft mich. »Leer ist leer«, werde ich belehrt. »Da leer leer ist, kann nichts halb leer sein. Denken Sie mal darüber nach!«

»Da der Sitz neben Ihnen im Moment leer ist, werde ich dafür sorgen, falls es Ihnen recht ist, dass er leer bleibt«, antworte ich nach der verordneten Denkpause.

Der Professor schiebt die Brille auf die Stirn und schmunzelt. »Entschuldigen Sie bitte die Belehrung. Ich weiß, dass Sie es gut gemeint haben«, sagt er freundlich und schiebt die Brille wieder auf die Nase. »Vielleicht werden Sie in Zukunft aber anders argumentieren.«

Zum Abschluss bedanke ich mich, dass er die berüchtigte Frage »Sind Sie voll?« nicht gestellt hat. Die übliche Antwort »Ich nicht – aber der Flug ist ausgebucht« entlockt dem Professor ein lautes Lachen. »Eins zu null für Sie!«, gibt er zu.

SIE WAREN
IN PISA, STIMMT'S?

RICHTIG!
WIE HABEN SIE
ES GEMERKT?

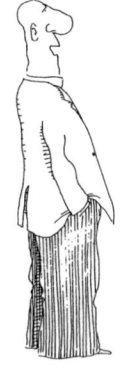

OMU

UNABKÖMMLICHKEITSSYNDROM

Drei Geschäftsleute, Vertreter deutscher Firmen, sind in der Ersten Klasse gebucht, bekommen aber nicht die Plätze, die die dafür zuständigen Sekretärinnen jeweils »avisiert hatten«. Jetzt reden sie durcheinander und beschweren sich lautstark, wozu man denn überhaupt diese teuren Tickets bezahle. Dafür haben die Herren allerdings keinen Grund. Schließlich gingen die Geschäftsreisen auf Kosten ihrer Arbeitgeber.

Nun werden per Handy die jeweiligen Büros angerufen. Dann werde ich in Stichworten und sehr gestenreich informiert. Mit mehreren Gesprächspartnern gleichzeitig reden die Herren nun durcheinander und drohen gestikulierend dem inzwischen anwesenden Stationsleiter der Fluggesellschaft. »Wenn das mit dem Hotel in Asien auch so klappt wie diese Reservierung hier am Flughafen, kann der Boss sich jetzt schon drum kümmern!«, brüllt einer in sein Mobiltelefon. »Und jetzt lassen Sie sofort ein Fax an den Flughafen schicken, dass die sehen, welche Plätze reserviert waren!« Wütend klappt er sein Handy zu.

Die Handy-Fax-Aktion ändert nichts. Da es sich um einen Transitflug handelt, ist die Auswahl nicht mehr sehr groß. Fluggäste, die bereits in der Maschine sind, behalten ihre Plätze. Der Stationsleiter versucht die Herren zu beruhigen. »Es ist bedauerlich, dass Ihnen Ihre Sitzplätze nicht gefallen. Wir können Ihnen leider keine Alternative bieten, da die anderen Plätze bereits belegt sind. Wir bitten um Ihr Verständnis.«

Die Herren aber diskutieren weiter und lassen nicht locker. »Warten Sie gefälligst auf das Fax von unserer Firma!«, schreit einer. »Dann werden Sie schon sehen, dass dieses Kapitel noch nicht abgeschlossen ist. Wenn Sie das nicht sofort regeln, treten wir vom Flug zurück!«

»Hier sind Ihre Tickets. Gehen Sie bitte zum Service-Schalter und klären Sie dort, ob Sie diesen oder einen anderen Flug nehmen werden.« Ich versuche so freundlich wie möglich zu bleiben, während ich mich des nächsten Erste-Klasse-Gastes annehme, der geduldig gewartet hat.

Dieser ist sichtlich amüsiert und schmunzelt über das uneinsichtige Trio. »Ich bin geschäftlich viel unterwegs. Allerdings zahle ich mein Erste-Klasse-Ticket selbst«, sagt er betont vernehmlich und blickt zum Service-Schalter. Doch die Geschäftsleute dort sind weiter in lautstarke Diskussionen vertieft und hören nicht, dass über sie gesprochen wird.

Der Erste-Klasse-Passagier bedauert die Unabkömmlichen und ihre demonstrativ zur Schau gestellte Wichtigkeit. »Ich genieße die Stunden im Flugzeug ohne das ganze Handy-Laptop-Trallala. Lieber mit einem Glas Wein in der Hand nicht erreichbar sein. Was für ein Luxus!«, sagt er kopfschüttelnd und äugt wieder zu den drei Empörten herüber. Dann muss er lachen. »Ich hoffe doch, dass die Herren ihr wichtiges Problem noch auf dem Boden lösen. Es ist eine Freude für mich, dass die Handys während des Fluges ausgeschaltet bleiben müssen.«

»Für die Crew an Bord ist es ebenfalls ein Segen. Das war seit langem überfällig – auch wegen der Sicherheit«, entgegne ich.

»Hoffentlich treten die Herren von diesem Flug zurück. Dann kann ich in Ruhe meinen Wein an Bord genießen.« Er zwinkert mir zu. »Noch einen schönen Arbeitstag und hoffentlich nicht mehr so anstrengende Gäste.«

Ich sehe noch, wie er das aufgeregte Trio am Service-Schalter passiert. Und er lässt es sich nicht nehmen, sich unmissverständlich mit dem Zeigefinger an die Stirn zu tippen.

IM SELBEN BOOT SITZEN

Ein thailändisches Ehepaar hat eingecheckt. Der Herr ist gerade dabei, seine Reiseunterlagen zu verstauen, als ihm ein deutscher Fluggast plötzlich ungeduldig auf die Schulter klopft. »Jetzt machen Sie mal schneller!«, drängelt er. »Ihren Krempel können Sie auch unterwegs wegräumen. Dalli! Oder soll ich Ihnen mal ein bisschen nachhelfen?«

Bevor ich antworten kann, dreht sich der Thailänder zu dem Herrn um. »Auch wenn Sie es noch so eilig haben, mein Herr, werden wir uns doch im gleichen Flugzeug wiedersehen. Ich wünsche Ihnen einen angenehmen Flug.« Die Thais packen in aller Ruhe ihre Unterlagen ein. Dann deuten sie eine Verbeugung an, lächeln freundlich und gehen davon. Die anderen wartenden Passagiere sind von dieser Souveränität beeindruckt.

Ich muss professionelle Distanz aufbieten, um den ungeduldigen – oder sollte ich sagen unverschämten? – Herrn samt Familie freundlich einzuchecken. Andere Fluggäste diskutieren laut über den Vorfall. Die Familie ist ihren bissigen Bemerkungen ausgesetzt, lässt sie aber gleichgültig über sich ergehen.

»Ich wünsche Ihnen einen angenehmen Flug. Sie haben noch drei Stunden Zeit, um zum Flugsteig zu gehen.«

Nach dem Check-in ist der Familienvater gerade dabei, die Reiseunterlagen wegzupacken. Da spricht ihn ein Passagier an. »Lassen Sie sich ruhig Zeit«, sagt der junge Mann so laut, dass es alle hören können, und schenkt dem irritierten Familienvater ein strahlendes Lächeln. »Jetzt können Sie sich schon mal an die asiatische Geduld gewöhnen, denn wir werden Sie nicht drängen, sich zu beeilen – da wir Zeit haben und warten können.«

Der Angesprochene ergreift wortlos sein Handgepäck, ohne den Blick zu heben. Die Situation ist ihm sichtlich unangenehm. Um dem schadenfrohen Gekicher der anderen Passagiere zu entkommen, entfernt er sich mit schnellen Schritten. Seine Familie kann ihm kaum folgen.

»Einen guten Flug und schönen Aufenthalt in Thailand wünsche ich Ihnen – im Land des Lächelns!«, ruft ihm der junge Mann noch nach. Ein weiteres Mal hat er die Lacher auf seiner Seite.

ASYL-DEBATTE

Ein Vietnamese mit Fremdenpass und anerkannter Flüchtling löst am Schalter eine Diskussion aus. Man wundert sich, dass er nach Vietnam reisen wolle, woher er schließlich hierher geflüchtet sei. Ich bin froh, dass der Vietnamese diesen Dialogen mangels deutscher Sprachkenntnisse nicht genau folgen kann. Er beteuert immer wieder, kein Visum für Vietnam zu benötigen, sondern es bei der Einreise in Vietnam ganz sicher zu bekommen.

Die Diskussion unter den Umstehenden entwickelt sich zu einer regelrechten Asyl-Debatte. »Erst abhauen und dann wieder dorthin in Urlaub fahren! Kann wohl nicht ganz so gefährlich gewesen sein, dort zu leben, wie immer getan wird!«, sagt einer der Wartenden, der damit Zustimmung und Gelächter unter den anderen Passagieren auslöst.

Der Vietnamese blickt verstört in die Runde und schaut den inzwischen eingetroffenen Vertreter der Fluggesellschaft an. Er versteht nicht, dass er der Grund der plötzlich auftretenden Heiterkeit ist. »Wissen Sie, auch wenn wir Flüchtlinge sind, so haben wir doch Recht auf Urlaub und darauf, unsere Familie zu sehen, nach so langer Zeit«, sagt der Vietnamese leise in die Runde. Das Gelächter verstummt.

Dann wird er schließlich für den Flug akzeptiert. Vorher muss er allerdings eine Enthaftungserklärung unterschreiben, für den Fall einer Abschiebung selbst alle entstehenden Unkosten zu übernehmen. Schweigend unterzeichnet er das Formular, während seine Umgebung wieder redseliger wird und die Diskussion um Urlaub und Asyl fortsetzt. Die Kommentare verschlagen uns am Schalter die Sprache.

Der Vietnamese gibt das Formular ab und bekommt seine

Bordkarte mit den Reiseunterlagen ausgehändigt. Wir wünschen ihm einen guten Flug. Weitere hämische Bemerkungen fallen, auch als er bereits dabei ist, den Schalter zu verlassen.

Eine junge Frau meldet sich zu Wort: »Der Urlaubswunsch ist doch zu verständlich!« Stille. »Man muss doch mal raus aus dem Elend hier!«, sagt sie laut.

Kein Kommentar, kein Lachen unterbricht die Stille, die wie ein Schleier über der zuvor so selbstbewusst argumentierenden Runde liegt.

BALLERMÄNNER & CO.

Mit Ziel Mallorca erscheint eine Gruppe grölender und bereits etwas angetrunkener junger Männer. Zu dem Zeitpunkt kann über deren »gute Laune« noch gelacht werden. Ihre Kleidung ist leicht und locker: Socken und Sandalen, dazu passende Turnhosen. Nicht fehlen dürfen die achselfreien Unterhemden, die meist zu den Shorts getragen werden. Letztere sind bei näherem Hinsehen als Unterhosen zu erkennen. Alles nicht neu – und auch nicht gerade blitzsauber.

Reges Treiben im Warteraum des Charterfluges. Der Flug ist ausgebucht und über 300 Fluggäste lärmen herum. Zu übersehen sind die sportlichen Herren nicht. Überhören kann man sie ebenfalls nicht, als sie einen Karton mit kleinen Schnapsflaschen auspacken, die jeweils in einem Zug geleert werden. Es wird immer lauter und die Stimmung immer besser.

Die anderen Passagiere nehmen das Schauspiel indigniert zur Kenntnis. Manche von ihnen diskutieren angeregt. »Hoffentlich sind wir nicht mit diesen Ballermännern im selben Hotel gebucht!«, sagt eine Frau zu ihrem Mann.

Die Gruppe packt einen weiteren Karton mit Schnapsflaschen aus. Wieder folgt dasselbe Ritual: mit den Flaschen laut auf die Stühle klopfen und hinunter mit dem Hochprozentigen. Lautstarker Gesang darf ebenfalls nicht fehlen.

Das Flugzeug ist zum Einsteigen bereit, die Ansage allerdings kaum zu hören, da das Gegröle sie übertönt. Einige Passagiere machen den Anfang und stehen auf. Andere folgen mit Abstand zur Gruppe und schauen gebannt auf ihre Bordkarten. Ihren Blicken ist anzusehen, dass sie hoffen, im Flugzeug nicht in der Nähe der Grölenden sitzen zu müssen.

Ein Ehepaar deutet entrüstet auf die Gruppe. Die Frau ist

sichtlich schockiert. »Also – das glaube ich nicht! Diese Baller-
männer sind ja tatsächlich so furchtbar! Solche Szenen kenne
ich sonst nur aus Filmberichten. Wie halten Sie das eigentlich
aus?«, fragt sie mich.

»Ich sehe gerne Filme oder Filmberichte. Und solche Begegnungen wie diese hier sind zum Glück zeitlich begrenzt. Es ist
also nur ein Kurzfilm«, entgegne ich und wünsche dem gequält
lächelnden Ehepaar einen guten Flug.

ER – SIE – ES

Menschen mit beiden Geschlechtern in einer Person bringen uns am Schalter manchmal aus dem Konzept. Im Reisepass ist zum Beispiel ein Mann abgebildet und »männlich« als Geschlecht eingetragen – doch was da vor uns steht, ist eindeutig eine Frau.

Eine sehr sexy gekleidete Frau in diesem Fall, grell geschminkt. Sie grinst mich an, als sie meine Verunsicherung bemerkt, während ich ihren Reisepass durchsehe. Sie beginnt mit einer kabarettistischen Vorstellung: »Schätzchen, was bist du denn so erstaunt? Musste mich bei der Ausstellung meines Reisepasses für ein Geschlecht entscheiden. Kann ja schließlich nicht als ›it‹ (es) fliegen!«

Er/sie amüsiert sich über unsere irritierten Gesichter. Auch die anderen Fluggäste starren herüber. Er/sie starrt zurück und fährt fort, sich lustig zu machen: »Also, Schätzchen, als ›it‹ (es) würden die mich vielleicht im Frachtraum bei den Tieren mitnehmen. Das wäre doch ein Ding! Oder stell dir mal vor, was für ein Bild ich dann im Reisepass hätte. Vielleicht könnte ich ja das Bild von meinem Hündchen nehmen!«, sagt er/sie und lacht dröhnend.

Er/sie lässt sich vom Glotzen der anderen Passagiere nicht irritieren, nimmt seine/ihre Reiseunterlagen, verlässt lachend den Schalter und winkt uns zum Abschied mit seinem/ihrem Reisepass zu. »Hoffentlich müssen wir nicht neben ›so was‹ sitzen«, murmelt ein Fluggast. Die anderen nicken beifällig.

Ich muss grinsen, als ich mir vorstelle, mit einem ›it‹ (es) im Reisepass konfrontiert zu werden. Die bürokratische Schublade ist nicht selten voller Überraschungen.

WEIHNACHTSFLUG

Ein technischer Defekt am Flugzeug ist Ursache für eine mehrtägige Verspätung eines Weihnachtsfluges. Die Gäste werden zunächst ins Hotel geschickt und sollen dann am späten Abend fliegen. Diese Hoffnung erfüllt sich nicht. Der Defekt kann nicht behoben, die Passagiere können nicht umgebucht werden. Es gibt um diese Zeit keine freien Plätze bei anderen Fluggesellschaften.

Es folgen Wutausbrüche, Tränen und die erste »Wein-Nacht« im Hotel. Auch eine Alternative, Weihnachten zu verbringen! Der Abflug ist für den nächsten Morgen geplant. In der Zwischenzeit soll ein neues Ersatzteil eingeflogen werden.

Als ich am nächsten Tag zum Spätdienst komme, traue ich meinen Augen nicht: Die Passagiere vom Vortag begrüßen mich wie eine gute Bekannte. Sie erzählen von nervtötender Warterei und sind sichtlich deprimiert. Einige wünschen mir ein frohes Fest. Für die meisten von ihnen aber folgt ein weiterer Feiertag ohne jegliche Festtagsstimmung.

Wieder müssen die Koffer ausgeschleust und von den Passagieren abgeholt werden. Wieder eine Nacht im Hotel. Die Gäste brauchen ihr Gepäck und frische Kleidung. Abflug ist nun für den nächsten Tag vorgesehen. Vorher muss das Ersatzteil eingebaut werden und ein Probelauf des Triebwerks stattfinden.

Am nächsten Tag eine erneute Hiobsbotschaft: Der Probelauf des Triebwerks ist negativ ausgefallen und muss wiederholt werden. Dies führt zu einer weiteren, mehrstündigen Verspätung. Wut, Resignation und Verzweiflung machen sich bei den Passagieren breit. Dann werden wir informiert, dass auch ein weiterer Probelauf misslungen ist.

Mit der schlechten Nachricht lösen wir einen Tumult aus. Nun werden wir lautstark angepöbelt und bedroht, und manche Fluggäste werden sogar handgreiflich. Der Flughafenschutzdienst wird eingeschaltet, und wir erhalten Polizeischutz. Die aufgebrachten Passagiere sind kaum noch zu beruhigen. Was für ein Weihnachtsfeiertag – Fest des Friedens!

Nachdem die Situation sich etwas beruhigt hat, bekommen die Fluggäste Gutscheine für ein Essen, bei deren Aushändigung wir deutlich sehen können, dass den meisten schon schlecht ist – mit oder ohne Essen.

Nachmittags kommt die erlösende Botschaft vom bevorstehenden Abflug. Die Passagiere begeben sich an Bord. Viele von ihnen sind sichtlich erschöpft. Manche entschuldigen sich für ihr aggressives Verhalten und wünschen uns noch einen guten Rutsch und sich selbst eine glückliche Landung mit dem neuen Triebwerk.

Ein Junge lacht und sagt ein Gedicht auf:

»Advent, Advent,
ein Triebwerk brennt.
Erst eins, dann zwei, dann drei, dann vier,
dann steht das Christkind vor der Tür!«

Die Gäste gehen weiter. Doch nicht alle können über das Gedicht lachen.

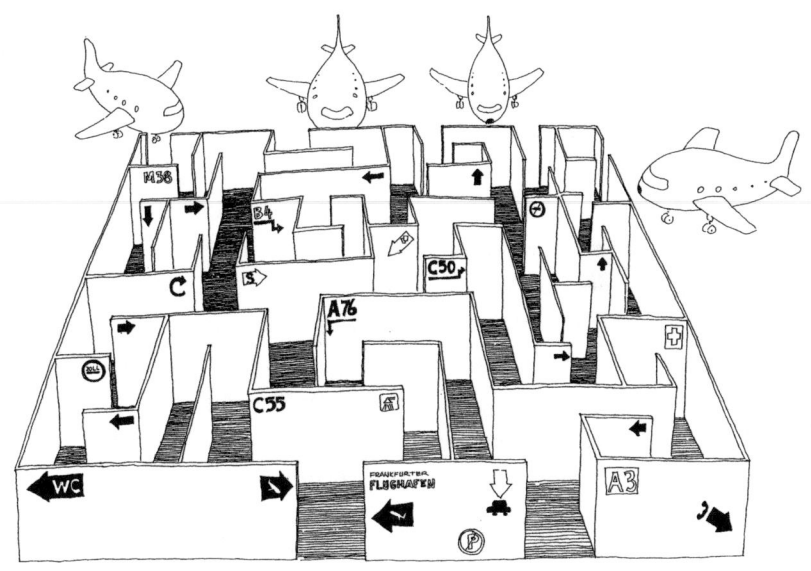

COMPUTERSPRACHE

Ein Fluggast fährt mit einem elektrischen Rollstuhl vor den Schalter. Langsam steht der Herr auf, stützt sich auf eine Krücke und legt seine Reiseunterlagen vor. Dann tippt er etwas in einen kleinen Computer, der an einem breiten Band vor seinem Brustkorb hängt. An einer Seite kommt ein bedrucktes Band zum Vorschein. Er deutet auf das Band, auf dem steht: »Können Sie mir helfen, zur Maschine zu kommen?«

Dann zeigt der Herr auf sein Ohr, streckt den Daumen nach oben und gibt mir so zu verstehen, dass er mich hören kann.

Es entsteht eine interessante Konversation, der die anderen Wartenden neugierig folgen. Nach einem Schlaganfall ist der Herr in seiner Bewegungsfähigkeit eingeschränkt, und sein Sprachzentrum ist zerstört. Diese Form der Kommunikation ist für ihn nicht nur hilfreich, sondern bereitet ihm sichtlich Freude.

Wir verständigen uns weiter mit Gesten. Falls diese nicht ausreichen, tippt er wieder etwas in seinen Computer ein. Den Rollstuhl darf der Fluggast mit an Bord nehmen, was ihn sehr freut und ihm lange Wartezeit nach der Landung erspart.

»Man wird Sie zum Flugzeug begleiten. Am Zielort kann ebenfalls für Betreuung gesorgt werden«, schlage ich vor. »Dass Sie Ihr Leben in der gewohnten und aktiven Form, trotz der vielen Einschränkungen, so mobil gestalten und auch reisen, ist bewundernswert«, sage ich zum Abschied.

Der Herr tippt einen Satz in seinen Computer. Dann präsentiert er ihn grinsend:

»Zum Glück wurde mein Hirn nicht vollkommen zerstört. So kann ich wenigstens noch schreiben. Und andere Dummheiten kann ich auch noch anstellen, denn ich kann besser hören, als manchen recht ist.«

BITTE WARTEN

Ferienzeit und überfüllter Flughafen zerren an den Nerven. Vor den Schaltern stauen sich die Passagiere, schieben sich gegenseitig die Gepäckwagen in die Hacken und kämpfen um die beste Position in der Schlange. Die Kinder tanzen aus der Reihe, hocken sich auf den Boden und spielen miteinander.

Ein ausgebuchter Flug mit über 400 Fluggästen sorgt für Gedränge und Geschubse. Die Warteschlange reicht fast bis vor die Tür des Terminals. Der Check-in geht zwar zügig voran, die Reihe wird allerdings nicht kürzer. Familien mit kleinen Kindern kommen hinzu. Eine größere Gruppe junger Leute trifft ein, die sich auf ihre Rucksäcke setzen und geduldig warten. Andere Wartende werden dagegen immer nervöser und treten von einem Bein auf das andere, starren gebannt auf die Schalter.

Die Stimmung wird gereizter und die Kommentare der Passagiere immer ungehaltener. Vor allem beschweren sie sich, dass es keine Fensterplätze mehr gibt. Als ein Kollege seinen Schalter schließen muss, entsteht ein Tumult, obwohl er dies bereits einige Minuten vorher angekündigt hatte. Das hält die Fluggäste nicht davon ab, lautstark auf ihrer Position zu beharren. »So eine Unverschämtheit! Das lassen wir uns nicht gefallen!« Geschrei und Diskussionen folgen.

Zwei Ehepaare geraten aneinander. Das eine schubst das andere samt Gepäck zur Seite. »Wir sind schließlich schon länger da! Und stellen Sie sich gefälligst hinten an!« Bevor wir etwas sagen oder eingreifen können, entwickelt sich eine Auseinandersetzung, die uns an einen Loriot-Sketch erinnert: Die Ehemänner schreien sich an und deren Frauen unternehmen verzweifelte Versuche, ihre Männer verbal zu verteidigen. Eine groteske Situation entwickelt sich da vor unseren Augen. Unser Versuch, eine Eskalation zu verhindern, scheitert. Gutes Zureden hilft nicht. »Halten Sie sich da raus – Sie lahme Schnecken!«, rufen sie uns fast gleichzeitig zu.

Die anderen Wartenden haben jedenfalls ihren Spaß. Schließlich ist das Gezeter eine willkommene Abwechslung und verkürzt die Wartezeit.

Nun will das eine Ehepaar die Diskussion offenbar beenden. »Das ist unter meinem Niveau«, sagt der Mann. »Der Klügere gibt nach – der Dumme macht weiter.«

Doch damit heizt er den Konflikt erst recht an. Nun hat das andere Paar sichtlich Mühe, nicht die Fassung zu verlieren. »Frechheit!«, brüllt die Frau. »Von wegen Niveau!«, schreit ihr Mann mit rotem Kopf. »Sie wissen doch überhaupt nicht, was es bedeutet, denn wir haben Niveau!«

»Wir sind schließlich kultiviert«, setzt seine Frau hinzu und tupft sich mit einem Taschentuch die Schweißperlen von der Stirn.

Wie die anderen Wartenden können wir uns das Lachen nicht mehr verkneifen. Die Ehepaare stehen sich Gesicht an Gesicht gegenüber und scheinen kurz vor dem Explodieren.

»Jetzt macht euch endlich vom Acker und streitet euch woanders – Blödmänner!«, ruft jemand aus der Reihe.

»Wir würden gerne heute noch in Urlaub fliegen – und am liebsten ohne euch!«, ertönt eine andere Stimme, was für erneute Heiterkeit sorgt.

Nun erscheint der Stationsleiter der Fluggesellschaft auf der Bildfläche und bittet die Streitenden, Ruhe zu bewahren. Danach trennt er die Kontrahenten. Wir bekommen die Anweisung, den Aufgeregten Plätze zu geben, die weit voneinander entfernt sind. Eine weitere Auseinandersetzung soll verhindert, andere Fluggäste nicht belästigt werden. Mit Sicherheitsabstand entfernen die Streithähne sich schließlich.

Der nächste Fluggast, der mit seiner Familie an die Reihe kommt, schüttelt den Kopf. »Na, prost Mahlzeit!«, sagt der Familienvater und stellt sein Gepäck ab. »Da können wir uns nur wünschen, dass diese Choleriker nicht mit uns im selben Hotel gebucht sind.«

»Sie haben hier aber einen schönen Sonntag«, sagt seine Frau und lächelt mitleidig. »Aber ich hoffe, dass Sie doch bald Ihren verdienten Feierabend genießen können.«

»Nein, so bald noch nicht. Das ist erst der Anfang eines normalen Arbeitstages«, sagen meine Kollegen grinsend, bevor ich antworten kann.

PRÜGELSTRAFE
UND DATENSCHUTZ

In einer langen Reihe an den Schaltern eines Charterfluges hören wir plötzlich ein Geschrei, das unsere Aufmerksamkeit aber nur kurz weckt. Zunächst denken wir an plärrende Kinder.

Einige Minuten später aber ertönt ein Schrei, der uns allen in die Knochen fährt. Wir sehen eine Frau wie von Sinnen auf ihr Kind einschlagen und eilen hin, um sie zu beruhigen. »Glauben Sie, dass das etwas bringt?« Die Frau zittert, während wir das schreiende Kind trösten. Andere Passagiere sehen neugierig in unsere Richtung. Wir nehmen die Frau und das Kind zur Seite, in eine Wartezone.

Das kleine Mädchen hat sich in der Zwischenzeit beruhigt. Die Mutter wischt sich die Tränen ab, versucht ruhig zu bleiben. »Ich wollte das eben wirklich nicht«, sagt die junge Frau verzweifelt. »Mein Nervenkostüm ist im Moment wie ausgefranst. Wenn mein Lebensgefährte mich hier findet, schlägt er mich tot. Wir haben uns schon lange getrennt, aber er bedroht uns immer noch.« Wir bitten die Frau, mit ihrer vierjährigen Tochter in der Wartezone zu bleiben, und versprechen, uns gleich wieder zu melden. Sie nickt erleichtert. Dann blickt sie scheu um sich und hält ihre Tochter fest umklammert.

Der Betreuungsdienst wird informiert, um die Frau mit dem Kind zur Maschine zu bringen. Gleichzeitig wird das Polizeirevier des Flughafens verständigt. Danach beruhigen wir die Mutter mit ihrem Kind, das sie noch immer fest umschlungen hält. »Sie müssen sich keine Gedanken machen. Aus Datenschutzgründen wird Ihr früherer Lebensgefährte nichts erfahren, falls er nach Ihnen fragen sollte.«

Die Vierjährige hält mit der einen Hand ihren Teddybären fest und mit der anderen die Hand ihrer Mutter. Als der Betreuungsdienst mit dem Wagen vorfährt, ist ihnen die Erleichterung anzusehen. Das kleine Mädchen löst sich von der Hand seiner Mutter, klettert sofort auf den Wagen und setzt den Teddy neben sich. Danach winken uns Mutter und Tochter zu.

Nach einer Stunde taucht tatsächlich der Exlebensgefährte auf: »Meine Frau hat etwas vergessen, das sie für die Reise braucht. Gibt es eine Möglichkeit, dass ich sie vor dem Abflug noch treffen kann?«, lächelt er uns freundlich an. »Wir dürfen keine Auskunft geben. Sie wissen doch – Datenschutz«, antworte ich ebenso freundlich.

»Ich weiß, dass sie hier sind, und ich werde sie finden!« Nun ist es mit der Freundlichkeit vorbei. Meine Kolleginnen und ich müssen uns Beschimpfungen und Drohungen anhören.

Plötzlich erscheinen Polizeibeamte und nehmen den Tobenden mit. Wir sind froh, dass die Frau mit ihrem Kind für die nächste Zeit Ruhe hat – an welchem Ort auch immer.

TRINKGELD

Bürgerkriegsflüchtlinge aus dem früheren Jugoslawien verlassen Deutschland und kehren in ihre Heimat zurück. Familien treffen und trennen sich wieder.

Eine ältere Frau erscheint in Begleitung ihrer Tochter und ihres Enkels. Sie ist als Betreuung angemeldet. Verunsichert und sichtlich aufgelöst sucht sie nach Reisepass und Ticket. »Vielen Dank, dass Sie mir helfen wollen. Ich bin so aufgeregt! Obwohl ich mich freue, mache ich mir auch Sorgen über die ungewisse Zukunft in der Heimat.«

»Ich bringe Sie direkt zum Flugzeug. Nach der Ankunft in Ihrer Heimat werden Sie dort abgeholt und zu Ihrem Sohn gebracht, der am Flughafen auf Sie wartet. Sie können sich hier verabschieden, Ihre Tochter und Ihr Enkelsohn können leider nicht mitkommen«, sage ich bedauernd, während die beiden Frauen ihre Taschentücher bereithalten.

Ein tränenreicher Abschied nimmt kein Ende. Die alte Frau liegt schluchzend in den Armen ihrer Tochter, während der Enkel tapfer Haltung bewahrt. Er bekommt keinen Ton heraus, verabschiedet sich still mit einer Umarmung. Danach gehe ich mit der weinenden Frau zur Passkontrolle.

Noch immer sichtlich aufgeregt, kann sie ihren Reisepass nicht finden und durchsucht ihr Handgepäck. Der Beamte wartet geduldig und lächelt. Vielleicht hat er Erfahrung mit zerstreuten Leuten, die ihre Dokumente verlegen. Schließlich zieht sie ihren Reisepass aus der Manteltasche.

An Bord der Maschine übergebe ich die traurige Frau in die Obhut der Crew, die sich ihrer freundlich annimmt. Sie wird gleich in ihrer Muttersprache begrüßt. Dann kramt sie plötzlich in ihrer Handtasche und zieht einen Zehnmarkschein heraus, den sie mir lächelnd überreicht. »Das ist für Sie und vielen Dank für Ihre Hilfe.«

»Sie brauchen nichts zu bezahlen, da die Betreuung zum Service gehört«, lehne ich dankend ab und gebe das Geld zurück. »Haben Sie den Geldschein irgendwo ausgegraben, weil er so mitgenommen aussieht?«, frage ich irritiert.

Die alte Frau blickt auf den Schein und lächelt zustimmend. »Das haben Sie aber gut erkannt! Wir hatten deutsches Geld und es wirklich während des Krieges vergraben. Feinde waren überall, auch in der Nachbarschaft – ohne Uniform.«

LETZTER GRUSS

Nicht selten übergeben uns Passagiere noch etwas in letzter Minute. Meist handelt es sich um Post, die sie vergessen haben. Oft sind es auch Hotelschlüssel, die aus Versehen nicht abgegeben wurden.

Ein Flug nach Indien ist fast abgeschlossen. Ein junger Mann spricht uns an und gibt uns einen Brief – ohne Absender. »Können Sie den Brief für mich zur Post bringen? Er ist für meine Eltern. Versprechen Sie mir, meinen Eltern nichts zu sagen, falls sie hier nachfragen?«

Irritiert nehme ich den Brief entgegen und verspreche, ihn später zur Post zu bringen.

Beim Einsteigen ins Flugzeug zögert der junge Mann. »Ich gehe für immer aus Deutschland weg. Alle Brücken werde ich hinter mir abbrechen – auch die zu meinen Eltern. Also, versprechen Sie mir, meinen Eltern nicht zu sagen, in welches Land ich reisen werde?«, lächelt er und bedankt sich im Voraus.

»Ich werde den Brief zur Post bringen und Ihre Entscheidung respektieren«, bekräftige ich. Mit dem Brief in der Hand gehe ich nachdenklich zu meinen Kolleginnen zurück.

Wir diskutieren, ob es richtig ist, eine mögliche Anfrage der Eltern nicht zu beantworten. Ist deren Sohn bereits volljährig, ist seine Entscheidung auf jeden Fall zu akzeptieren, der Wunsch der Eltern ist also nicht relevant. Es bleibt ein ungutes Gefühl. Wandert der junge Mann nach Indien aus, um vielleicht Mitglied in einer Sekte zu werden? Viele Fragen gehen uns an diesem Tag durch den Kopf.

Einige Stunden später trage ich den Brief noch in meiner Tasche. Dann löse ich mein Versprechen ein und werfe ihn schließlich in den Briefkasten. Vielleicht enthält er eine schreckliche Nachricht für die Eltern. Es ist auf jeden Fall eine Nachricht und vielleicht für sehr lange Zeit – oder für immer – die letzte.

DER GENUSSMENSCH

Ein amerikanischer Geschäftsmann befindet sich im Transit und ist auf dem Weg nach Asien. Mit einer glimmenden Zigarette steht er vor uns und kramt in seinem Handgepäck nach Reisepass und Ticket. Besorgte Fragen nach dem richtigen Transfer seines bereits aufgegebenen Gepäcks kann ich positiv beantworten, denn bis zum Abflug sind noch über zwei Stunden Zeit.

Der rauchende Amerikaner erkundigt sich mehrmals deutlich nach einem Platz in der Raucherzone, da er auch auf dem langen Flug auf keinen Fall auf seine Zigaretten verzichten will – vor allen Dingen nach dem Essen.

»Sie kommen doch aus einem Nichtraucher-Land. Da gefällt Ihnen das Rauchen noch?«, stelle ich verwundert fest.

»Ja, ich rauche gerne – sehr gerne!«, lacht er. »Noch dazu esse ich auch sehr gerne Fast Food. Und ich jogge nicht! Will mir mit dem Smog doch nicht die Lungen schädigen«, amüsiert sich der Amerikaner über den Gesundheitswahn seiner Landsleute.

Andere wartende Passagiere folgen interessiert dieser Unterhaltung und manche zünden ebenfalls eine Zigarette an. Nun wird eifrig über Rauchverbote diskutiert.

»Im Weißen Haus darf nicht geraucht werden«, sage ich. »Bill Clinton mag allerdings Fast Food sehr. Dann joggt er viel, um die Hamburger wieder zu verlieren, die er sich angefuttert hat.« Die Passagiere schmunzeln zustimmend.

Alle Gäste sind bereits eingestiegen. Der Amerikaner lässt sich noch Zeit. In aller Ruhe raucht er seine Zigarette fertig und drückt sie schließlich im Aschenbecher aus. »Rauchen dürfen die im Weißen Haus nicht. Dafür trinken sie mehr. Und das tun sie dann reichlich!«, sagt er noch grinsend, bevor er ins Flugzeug steigt. »Auf jeden Fall freue ich mich, dass ich nachher über den Wolken beides tun kann: rauchen und trinken.«

AUFSCHIEBUNG
DER ABSCHIEBUNG

Mehr als fünfzig Vietnamesen werden per Flugzeug in Richtung Heimat geschickt – unfreiwillig. Es handelt sich um »Deportees«, also Menschen, die abgeschoben werden.

Nach dem Check-in werden sie von der Bundespolizei an Bord gebracht. Wir rechnen mit einem pünktlichen Abflug. Plötzlich entsteht Hektik. Die Beamten debattieren mit dem Stationsleiter der Fluggesellschaft. Die Abschiebung eines Vietnamesen ist per Gerichtsbeschluss aufgehoben worden. Der Mann kann also hierbleiben. Doch wo steckt er?

Alle Passagiere sind bereits in der Maschine. Fieberhaft wird nach dem Vietnamesen gesucht. Die Beamten sind ratlos. Der Vietnamese bleibt wie vom Erdboden verschluckt, ist weder im Flugzeug noch im Warteraum zu finden. Unverrichteter Dinge kommen die Beamten von der Maschine zurück. Hektisches Treiben verwandelt sich in Sprachlosigkeit. Keine Lösung in Sicht. Noch so angestrengtes Nachdenken ergibt keine Antwort auf die Fragen: Warum konnte der Vietnamese unbemerkt verschwinden? Wohin könnte er gegangen sein?

Des Rätsels Lösung erfahren wir nach wenigen Minuten. Eine Kollegin geht in den Warteraum, um eine Zigarette zu rauchen. Dort entdeckt sie zufällig den Gesuchten, der hinter einer Säule kauert. Ängstlich reagiert er auf seine plötzliche Entdeckung und rührt sich nicht vom Fleck. Gutes Zureden kann ihn nicht bewegen, auch nur den Kopf zu heben. Wie erstarrt bleibt er an der Säule sitzen, ohne ein Wort zu sagen.

Die Maschine rollt von der Position. Der Vietnamese sitzt immer noch auf dem Boden im Warteraum. Die Beamten ha-

ben Mühe, ihn von dem positiven Gerichtsbeschluss zu über-
zeugen. Schließlich sagt einer der Beamten: »Erst wollen wir
ihn abschieben und jetzt versteht er nicht, dass wir ihn behalten
wollen. Das allerdings sollten nun wiederum wir verstehen.«

DIE RÜCKKEHR

Um Kranke im Flugzeug befördern zu können, wird in der Maschine eine besondere Vorrichtung, ein so genannter Stretcher, eingebaut. Den Einbau muss man vorher anmelden. Eine Haltevorrichtung wird im Kabinenboden verankert. Über den Sitzen wird eine Trage angebracht und ein Metallrahmen darumgebaut, an dem ein Vorhang befestigt werden kann. So entsteht ein kleines Krankenzimmer.

Die Begleiter des Kranken – Familienmitglieder oder Arzt sowie Krankenschwester – können direkt neben dem Kranken sitzen. Falls die Maschine nicht ausgebucht ist, werden die umliegenden Plätze nicht vergeben, um dem Kranken Ruhe zu gönnen.

Ein Stretcher ist in einer Boeing 747, einem Jumbo, eingebaut worden. Die Passagiere haben eine lange Reise hinter sich und noch eine anstrengende vor sich: von den USA kommend über Frankfurt in den Iran. Der Kranke nebst Anhang wartet in der Flughafenklinik. Dort soll ich sie abholen und im Krankenwagen zum Flugzeug begleiten.

In der Klinik sehe ich einen jungen Mann apathisch im Bett liegen, die dünnen Arme an Schläuche angeschlossen. Daneben sitzen die Krankenschwester, die ihm auf dem Flug beistehen wird, sowie ein älterer Mann, der langsam aufsteht und mich freundlich begrüßt. Er weint. »Ich danke Ihnen, dass Sie uns helfen wollen. Ich habe meinem Freund und dessen Familie versprochen, ihn zum Sterben nach Hause, in den Iran, zu begleiten.«

Der Kranke ist zwar ansprechbar, kann allerdings nur langsam reden. »Ich habe Leukämie und fliege zu meiner Familie, die mich bereits erwartet«, sagt der junge Mann mit leiser

Stimme. »Ich hoffe, dass ich es noch schaffen werde«, fährt er fort und sieht erwartungsvoll zur Krankenschwester, die zustimmend nickt.

Während der Fahrt zum Flugzeug erzählt der Todkranke von seinem Leben in New York: »Ich war ein sehr guter Baseballspieler in einer tollen Mannschaft und habe studiert. Die Krankheit wurde erst im vergangenen Jahr festgestellt. Ich wollte meine Familie im Iran nicht beunruhigen. Schließlich musste ich es doch tun, als mir mein Arzt sagte, die Chancen stünden gleich null, dieses Spiel – ein Endspiel – zu gewinnen«, sagt er leise und hebt die Hände über den Kopf. »Auch wenn Sie sich das nicht vorstellen können, aber ich war mal so groß!«

Wir kommen am Flugzeug an. In der Kabine wird alles um ihn herum zu seiner Bequemlichkeit eingerichtet. Dann gehen die Sanitäter von Bord. Die Krankenschwester ist mit den Vorbereitungen für die medizinische Versorgung während des Fluges beschäftigt. Unterdessen unterhält sich einer der jungen Männer von der Crew mit dem Kranken in seiner Muttersprache.

Es folgt eine tränenreiche Verabschiedung. Der Freund des Kranken verliert sichtlich die Fassung. »Der schlimmste Gedanke für mich ist, dass ich ihn zurücklassen und den Rückflug allein antreten muss«, sagt er mutlos. »Ich möchte mich noch für die Unterstützung bedanken und wünsche Ihnen alles Gute.« Dann geht er weinend zu seinem Platz zurück. Die Krankenschwester setzt sich zu ihm, um ihn zu trösten.

Der junge Mann möchte sich ebenfalls verabschieden und reicht mir die Hand. »Vielen Dank und alles Gute für Sie und Ihre Familie. Ich bin zwar erst 26 Jahre alt, fühle mich aber sehr alt – zu alt! Baseball könnte ich heute jedenfalls nicht spielen«, sagt er lächelnd. »Na ja, wer weiß! Vielleicht wird es ein neues Spiel für mich geben, in einer anderen Welt und mit einer anderen Mannschaft.«

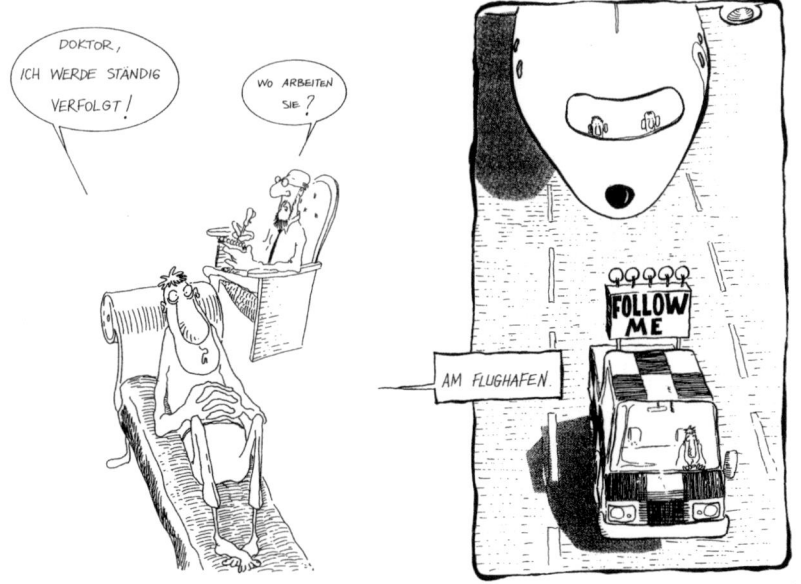

VIP –
SEHR WICHTIGE PERSÖNLICHKEIT

Bei einem Transitflug hat die Maschine über eine Stunde Bodenzeit. Die Passagiere verlassen das Flugzeug und später auch den Warteraum. Wenn die Gäste, die im Transit sind und nicht in Frankfurt aussteigen, wieder erscheinen, streichen wir ihre Namen auf einer Liste ab.

Beim Abstreichen lese ich einen berühmten Namen: Kennedy. Ich schaue hoch zu einem gut aussehenden Mann, der mich verschmitzt anlächelt. »Ja, mein Name ist Kennedy. Allerdings bin ich die Nummer 298 auf der Liste!« Der junge Mann amüsiert sich über VIPs. Vor allen Dingen belustigt ihn die Reaktion auf illustre Namen und dass es ihm manchmal sehr viel Spaß macht, die Leute nicht aufzuklären, sondern erst reden zu lassen.

Kurz bevor er an Bord geht, erzählt er uns, wie angenehm es doch oft ist, einen berühmten Namen zu haben: »Bei meinen vielen Geschäftsreisen ist es schon sehr praktisch, muss ich gestehen. Auch bei Reservierungen für Hotels ist es wesentlich leichter, ein Zimmer zu bekommen«, lacht er. »Aber am besten ist es, wenn ich Tickets buchen will. Das ist dann wirklich sehr interessant, denn der Flug ist von einer Minute auf die andere nicht mehr überbucht, und schon ist ein Platz frei.«

Die anderen wartenden Fluggäste haben ebenfalls ihren Spaß. Das Thema VIP erscheint in einem völlig neuen Licht. Man debattiert über Namen und wie wichtig sich doch manche Menschen nehmen.

»Ihr Name ist in den Vereinigten Staaten so bekannt, dass Sie ihn nicht buchstabieren müssen«, sage ich zu dem jungen Mann.

»Ja, das stimmt!«, bestätigt er lachend. »Wenn ich den Telefonhörer zur Hand nehme und mich melde, klappt alles sehr gut, und mein Gesprächspartner ist stets überaus zuvorkommend. Hauptsache Kennedy! Wie der Name geschrieben wird – das wurde ich wirklich noch nie gefragt.«

VERÄNDERUNG

Transitpassagiere auf dem Flug von New York über Frankfurt nach Singapur können vor dem Weiterflug nach Singapur in Frankfurt für eine Stunde die Maschine verlassen.

Alles verläuft pünktlich, bis wir feststellen, dass ein Transitpassagier fehlt. Nun muss der Flug verspätet werden. Das Gepäck des nicht erschienenen Passagiers muss gesucht und später ausgeladen, sein Name ausgerufen werden.

Eine Überprüfung an Bord des Flugzeugs ergibt, dass der Passagier tatsächlich fehlt, sich also nicht einfach auf einen anderen Platz gesetzt hat. Wenn Flüge nicht ausgebucht sind, tun Passagiere dies gern. Schließlich werden die Türen geschlossen und das Flugzeug hebt ab in Richtung Singapur – ohne den Fluggast. Wir fragen uns: Wo ist er geblieben? Wohin kann er gegangen sein?

Am nächsten Tag erfahren wir, dass der Passagier nach dem Aussteigen annahm, er sei bereits in Singapur. Mit einem Taxi war er in die Stadt gefahren. Er rief Freunde in New York an und teilte ihnen verwundert mit, dass sich Singapur während seines langjährigen USA-Aufenthaltes sehr verändert habe. Erst sehr viel später bemerkte er seinen Irrtum und dass er seinen Flug verpasst hatte.

Als der vermisste Passagier zum Abflug erscheint, erzählt er lachend von seinem Ausflug: »Ich war schon sehr erstaunt, dass nicht mehr so viele Asiaten in Singapur leben. Gemerkt habe ich es dann an der Sprache. Die konnten die Bewohner doch in den Jahren meiner Abwesenheit nicht verlernt haben.«

Der Stationsleiter der Fluggesellschaft hat Mühe, ernst zu bleiben. »Haben Sie es denn nicht gleich im Taxi gemerkt, das mit der Sprache?«

»Nein, das habe ich nicht gemerkt. Ich lebe doch in New York, wo die Taxifahrer alle möglichen Sprachen sprechen – nur nicht Englisch!«

DER ABSCHIED

Eine ältere Frau deutscher Abstammung ist auf dem Rückflug nach Australien. Sie erzählt beiläufig, dass sie in Deutschland alles erledigt hat. Während sie ihren Reisepass aus der Tasche holt, zieht sie mit den Dokumenten alte Fotos heraus. Wehmütig, in Gedanken verloren, sieht sie sich die Bilder an.

Die Frau blättert in ihren alten Fotos wie in einem Tagebuch voller Erinnerungen. »Ich habe mich von allen Menschen, die mir im Leben etwas bedeutet haben, verabschiedet. Ich bin unheilbar krank und habe nur noch wenige Monate zu leben«, sagt sie und lächelt mich dabei an.

Ihre Ruhe und Gelassenheit imponieren mir, und ich kann nicht gleich antworten. »Sind Sie allein? Wünschen Sie eine Betreuung, die Sie zum Flugzeug bringt – oder einen Gesprächspartner?«, sage ich schließlich nach einigen Schrecksekunden. »Wenn Sie möchten, können wir eine Nachricht an den Flughafen in Australien schicken, dann werden Sie dort ebenfalls betreut.«

»Ja, das wäre sehr nett. Ich bin schon ein bisschen müde, weite Wege kann ich nur noch sehr langsam hinter mich bringen«, sagt sie erleichtert.

Der Betreuungsdienst wird informiert und trifft wenige Minuten später ein. »Werden Sie später am Flugzeug sein?«, fragt die alte Dame und ist froh, dass sie ihr Handgepäck nicht tragen muss. »Eine Last weniger! Also bis später – und schön, dass ich Sie nachher noch sehen werde.«

Einige Minuten vor dem Abflug bringe ich die Frau an Bord, wo sie von der Crew freundlich begrüßt wird. Danach folgt eine herzliche Verabschiedung. »Es geht mir gut und jetzt eigentlich noch besser, da ich alles erledigt habe. Alles Gute und vielen Dank für Ihre Hilfe. Auch Dank an die Leute, die mich betreut und so nett unterhalten haben«, sagt sie lächelnd.

Das Flugzeug rollt von der Position. Ich denke an die Frau und ihren inneren Frieden. Keiner der »lieben Menschen«, von denen sie sich in verschiedenen Städten verabschiedet hatte, war mit zum Flughafen gekommen, vor ihrem langen und letzten Weg nach Australien – um ihr Lebewohl zu sagen.

EINLADUNG

Eine Gruppe türkischer Geschäftsleute erscheint zum Rückflug nach Istanbul. Die Herren waren zur Messe nach Frankfurt gekommen. Unter ihnen sind Techniker, Ingenieure, Kaufleute sowie Lehrer.

Der Gruppenleiter hat viel Geduld mit seinen Landsleuten, die mal ihre Reisepässe, mal ihre Tickets nicht finden können. Sein Deutsch ist sehr gut. »Immer dasselbe!«, lacht er. »Sind mit ihren Gedanken wieder woanders. Ich bin froh, wenn das hier alles erledigt ist.«

Nun ist noch zu klären, ob die Gruppe geschlossen in der Raucher- oder Nichtraucherzone sitzen möchte. Da sie sich nicht entscheiden können, trifft der Gruppenleiter eine Entscheidung nach der anderen, bis ihm schließlich der Kragen platzt: »Jetzt können alle im Nichtraucher sitzen, weil die Nichtraucher sich am meisten beschweren, wenn sie mit Rauchern zusammensitzen müssen. Umgekehrt ist es einfacher – obwohl vielleicht manche der Raucher an den Fingernägeln knabbern werden.«

»Also gut. Dann eben alle zusammen in den Nichtraucher«, sage ich schmunzelnd.

Der Gruppenleiter ist froh, dass nun alles erledigt ist und er den Rückflug antreten kann. Reisepässe und Tickets behält er, um sich an der Passkontrolle weitere Sucherei zu ersparen.

»Sie sind sehr freundlich und höflich. Kommen Sie doch mal in die Türkei und besuchen Sie uns. Wir würden uns sehr freuen.« Er überreicht mir seine Visitenkarte.

»Ach, dürfen die Unhöflichen nicht in die Türkei kommen?«, frage ich. Heiterkeit kommt auf.

»Besser nicht!«, antwortet er mit einem schelmischen Zwinkern. »Es sind doch schon genügend da!«

DAS TRAUMSCHIFF

Ein Ehepaar möchte nach Singapur. Dort wartet ihr »Traum-schiff« für eine mehrwöchige Kreuzfahrt. Der Traum zerplatzt in dem Moment, als sie erfahren, dass einer ihrer Reisepässe nicht mehr gültig ist.

Nach dem ersten Schock versuchen wir eine Lösung zu finden. Umbuchen auf den nächsten Flug ist kein Problem. Das »Traumschiff« wird allerdings ohne die Passagiere abfahren.

Das Ehepaar hat sich in der Zwischenzeit beruhigt, nimmt sich vor, gleich zum Passamt zu gehen, und bucht um für den morgigen Flug. Danach wird die Reederei informiert, um die Passagiere für den nächsten Hafen anzumelden. Dieser ist in Malaysia und dorthin werden die Gäste umgebucht. Dem Ehepaar fällt ein Stein vom Herzen. »Jetzt gehen wir ein Hotelzimmer suchen und nehmen dort einen Drink«, schlägt der Mann seiner Frau vor. »Und danach erledigen wir die Formalitäten.«

Am nächsten Tag erscheint das Ehepaar. Alles ist erledigt und der Reisepass verlängert. Zu unserer Überraschung wollen die Gäste nun nicht mehr fliegen. Sichtlich gut gelaunt lassen sie alle Flüge stornieren. Sie haben es sich anders überlegt.

Ein Wink des Schicksals hat sie überzeugt, dass es besser für sie sei, diese Reise nicht anzutreten. »Wir haben wirklich gründlich darüber nachgedacht und werden auf die Reise verzichten«, sagt der Mann, während er den Arm um seine Frau legt.

»Gestern hörten wir von dem verunglückten Schiff. Es gab keine Opfer, alle kamen mit dem Schrecken davon. Wir konnten es erst überhaupt nicht glauben, denn es war unser ›Traum-schiff‹, das dort verunglückt ist! Jetzt ist uns nicht nur die

Urlaubsfreude vergangen, das können Sie uns glauben!«, sagt seine Frau aufgeregt. »Wenn das Schicksal nicht wollte, dass wir das Schiff rechtzeitig erreichen, sollten wir es jetzt besser nicht herausfordern.«

Nachdenkliches Schweigen. Die Flüge werden endgültig storniert, die Anmeldung für den nächsten Hafen in Malaysia ebenfalls. Das Ehepaar ist der festen Meinung, die richtige Entscheidung zu treffen. »Wir fahren jetzt nach Hause zurück und sehen uns die neuen Folgen der Serie ›Traumschiff‹ im Fernsehen an«, sagt die Frau.

»Ja, das werden wir«, lacht ihr Mann. »Und wenn die dann von Bord springen müssen, behalten wir trockene Füße.«

SCHÖNE BESCHERUNG

An Feiertagen haben Konsulate und Botschaften nur einen Notdienst. Bei Todesfällen oder anderen Notsituationen wird geholfen. Dagegen hat es keinen Sinn, wegen eines versäumten Visums oder ungültiger Reisepässe dort anzufragen. Eine Gruppe aus dem Ausland ist auf dem Weg nach Bali. Der Reisepass eines Gastes ist keine sechs Monate gültig. Das wäre aber die Bedingung zur Einreise nach Indonesien. Verstöße gegen diese Bestimmungen führen zur Ausweisung der Passagiere und hohen Strafen für die Fluggesellschaft.

Es ist ein denkbar ungünstiger Tag für irgendwelche Behördengänge: 24. Dezember. Der Anruf bei der Botschaft bringt keine Lösung, sondern nur eine Belehrung: »Sagen Sie dem Passagier, dass er sich gefälligst vor seiner Reise um seine Dokumente kümmern soll!«, sagt die Dame von der Botschaft ungnädig.

»Vielleicht können Sie ihm trotzdem helfen, sonst muss er zurück und kann nicht mit seiner Gruppe fliegen.«

»Wir haben nur einen Notdienst, mit entsprechend wenig Personal. Dieses wegen eines abgelaufenen Reisepasses zu bemühen ist eigentlich unerhört! Schicken Sie den Passagier zurück und dann kann er sich das für das nächste Mal merken. Schließlich wollen wir auch Weihnachten feiern!«

Eisiges Schweigen am anderen Ende der Leitung lässt mich weder auf christlich-weihnachtliche Nächstenliebe noch auf ein Ergebnis hoffen. »Ich verstehe, dass Sie Weihnachten feiern wollen, wie wir auch. Wir warten allerdings damit, bis unser Dienst zu Ende ist. Ihrem Landsmann haben Sie nicht geholfen, obwohl Sie noch Dienst haben. Schöne Feiertage!« Die Ironie dürfte der Frau von der Botschaft nicht entgangen sein.

Mit der schlechten Nachricht mache ich mich auf den Weg zu dem jungen Mann. Der Passagier ist den Tränen nahe. »Leider habe ich nichts erreichen können. Es ist Weihnachten und nur ein Notdienst in der Botschaft erreichbar. Wir können Sie umbuchen – allerdings in die andere Richtung.«

»Ich habe wohl keine andere Wahl. Das ist eben mein besonderes Weihnachtsgeschenk. Vielleicht ist es besser, wenn ich die ganze Reise storniere. Nach den Feiertagen gibt es vielleicht auch nur einen Notdienst. Schöne Bescherung! Ich hoffe, Sie haben wenigstens noch was vom Fest«, sagt der junge Mann resigniert und wendet sich ab.

Die anderen jungen Leute sind gespannt, ob er mit ihnen fliegen oder zumindest noch nachkommen kann. Doch vergebens. Enttäuscht und mit hängenden Schultern sagt er der Gruppe auf Wiedersehen, die sich danach nicht mehr so recht auf Bali freut.

OMU.

UNSER LAND

Mit meiner Kollegin befinde ich mich auf dem Weg zur Kantine. Da hören wir einen Mann brüllen: »Ich gebe Ihnen genau drei Minuten Zeit, dann verschwinden Sie aus der Telefonzelle!«

Wir sehen, wie eine asiatische Frau an einem öffentlichen Telefon, in einer halb offenen Zelle, telefoniert und dabei von einem deutschen Ehepaar belästigt wird. Sie ist dem Geschrei hilflos ausgeliefert.

Wir mischen uns ein und empfehlen dem Ehepaar, sich ein anderes Telefon zu suchen – am Flughafen seien genügend davon vorhanden. »Aber es ist kein anderes für Bargeld da!«, bekommen wir zur Antwort. »Und überhaupt! – Die soll endlich aufhören! Ewig telefonieren, eine Unverschämtheit! In unserem eigenen Land!«, echauffiert sich das Ehepaar.

Wir können nicht glauben, was sich da vor unseren Augen abspielt. Die dreisten Deutschen sind nicht zu stoppen und zetern weiter. Die Asiatin legt verstört den Hörer zur Seite. »Würden Sie mich bitte in Ruhe lassen! Ich lebe schon lange in Deutschland – aber so etwas habe ich noch nie erlebt! Lassen Sie mich mein wichtiges Telefongespräch führen.«

»Sie verschwinden spätestens in der nächsten Minute, sonst hole ich Sie da raus!«, brüllt der Mann. »Und außerdem – gehen Sie doch zu Ihren Schlitzaugen zurück! Da können Sie telefonieren, so lange Sie wollen!«

Meine Kollegin versucht es noch einmal mit Vernunft. »Das hier ist ein öffentliches Telefon und die Frau kann so lange telefonieren, wie sie möchte. Warten Sie doch einige Minuten.«

»Es reicht jetzt!«, kann ich nur noch sagen. Weiter komme ich nicht. Mit geballter Faust stürzt der Mann auf mich zu.

»Gehen Sie doch zur Heilsarmee – oder am besten gleich mit ins Ausland, Sie Blöde!« Drohend bleibt er stehen.

»Sie haben hiermit die letzte Gelegenheit, diese Situation zu beenden. Die Frau wird ihr Telefongespräch ungestört fortsetzen. Wenn Sie sie weiter dabei stören, lasse ich Sie vom Flughafenschutzdienst abholen, Sie deutsches Arschloch!«, rufe ich dem Unruhestifter zu. Der vor Wut zitternde Mann wird von seiner Frau am Arm gezogen, begleitet von hysterischem Geschrei. Dann gehen sie endlich.

Die Asiatin hat inzwischen ihr Telefongespräch beendet, sich allerdings nicht getraut, ihre »Zelle« zu verlassen. »Furchtbar aggressive Leute! Aber warum nur?« Die Frage können wir nicht beantworten. »Vielen Dank für Ihre Unterstützung«, sagt sie einigermaßen erleichtert.

In die Kantine brauchen wir nach diesem Vorfall nicht mehr zu gehen. Der Hunger ist einem Völlegefühl gewichen, das sich noch verstärkt, als wir feststellen, wo sich die »Vorstellung« abgespielt hat: gegenüber einem offenen und voll besetzten Restaurant. Köpfe sind hinter Zeitungen abgetaucht. Den Blick starr auf den Tisch gerichtet, wird im Essen oder Kaffee gerührt.

SORGERECHT

Auf einem Flug nach Südamerika ist ein unbegleitetes Kind gemeldet. Die 10-Jährige ist auf dem Weg zu ihren Großeltern. Ferienstimmung ist zu spüren. Die Formalitäten werden von der Mutter des Mädchens erledigt und ein Abholtermin wird vereinbart.

Eine Stunde vor Abflug erscheinen die beiden. Sie sind gut gelaunt – keine Spur von Abschiedsschmerz. Dann wünscht die Mutter ihrer Tochter noch schöne Ferien bei den Großeltern. Wir bitten die Mutter, bis zur Abflugszeit am Flughafen zu warten. Danach gehe ich mit dem fröhlichen Mädchen in Richtung Passkontrolle.

Kurz vor dem Einsteigen ins Flugzeug erscheint eine Delegation, die für Verwirrung sorgt: Polizeibeamte, zwei Mitarbeiterinnen des Jugendamtes und der Vater des Mädchens. Die Polizeibeamten sprechen den Stationsleiter der Fluggesellschaft an, fragen nach dem Mädchen und übergeben ein Dokument. »Wir haben hier einen Gerichtsbeschluss. Der Vater hat ab sofort das Sorgerecht. Das Mädchen darf nicht ausreisen, weil der Vater damit nicht einverstanden ist«, sagt einer der Beamten.

Was sich danach abspielt, ist filmreif. Wir schauen irritiert und ratlos zu. Das Kind fängt an zu schreien und schlägt wild auf den Vater ein. »Geh weg! Ich will dich nicht sehen! – Ich will zu meiner Mama!« Die beiden Vertreterinnen des Jugendamtes versuchen das Kind zu beruhigen – vergeblich.

Es folgen Diskussionen mit dem Stationsleiter, der den Gerichtsbeschluss immer wieder liest, aber keine andere Wahl hat. Das Kind darf nicht fliegen. Das Gepäck wird gesucht und später abgeladen. Wir können dem abwechselnd schreienden und schluchzenden Kind nicht helfen. Andere Fluggäste halten sich mit kritischen Bemerkungen nicht zurück. Sie starren den Vater an, der laut und gestikulierend auf seine Tochter einredet.

Die Polizeibeamten sind ebenso hilflos wie wir. »Ich habe selbst zwei Kinder«, sagt einer der Beamten bestürzt, »und hoffe, dass sie solch eine Situation wie diese hier niemals erleben müssen.« Der gleiche Gedanke ist mir in dem Moment auch durch den Kopf gegangen.

Die Situation spitzt sich zu. Das Kind klammert sich an den Stationsleiter. »So helfen Sie mir doch, bitte! Ich will nicht bei meinem Vater bleiben! Ich will sofort zu meiner Mama!«, ruft es verzweifelt in unsere Richtung.

Wir sind alle wie gelähmt und können nichts tun. Der Stationsleiter übergibt schließlich den Beamten die Reiseunterlagen des Mädchens. Danach löst er sich aus seiner Umklammerung und entschuldigt sich resigniert. Das Mädchen weint. Die Vertreterinnen des Jugendamtes sind bleich – wie die Beamten. Nur der Vater ist sich seiner Sache sicher und redet weiter auf sein Kind ein.

Das Kind ist nicht zu bewegen, mit seinem Vater zu gehen. Auch den Mitarbeiterinnen des Jugendamtes gelingt es nicht, das um sich schlagende Kind zu beruhigen. Schließlich wird es von ihnen weggeführt. Die Schreie des Kindes sind noch lange zu hören.

Andere Fluggäste sehen ihnen fassungslos nach. Die Entscheidung »zum Wohle des Kindes« löst nachdenkliches Schweigen aus. »Warum vergessen manche Eltern, dass sie immer Eltern bleiben, auch wenn sie kein Ehepaar mehr sind?«, sagt der Polizeibeamte, der selbst zwei Kinder hat. Stille. Die Frage bleibt unbeantwortet.

FENSTERPLATZ

Ein junger Mann mit eigenem Rollstuhl, so genannter Vielflieger mit Erfahrung, checkt ein und möchte seinen schmalen Rollstuhl ins Flugzeug mitnehmen, um während des Fluges niemanden zu belästigen.

Der sportliche junge Mann wird ins Flugzeug begleitet. An Bord rollt er zügig durch den Jumbo, bis fast zur letzten Reihe. Dabei macht er Witze und lacht über sich selbst. »Ich bin immer noch Raucher. Mein Arzt droht mir zwar, nicht selten seien Raucherbeine die Folge. Ich mache mich aber nicht verrückt, denn spüren kann ich sie durch meine Lähmung ja sowieso nicht!«

An seiner Reihe stoppt er den Rollstuhl. Danach hievt er sich selbst auf den Sitz. Die Crew bietet ihm an, den Rollstuhl in seiner Reihe am Fenster abzustellen. Dann sei der Fluggast unabhängig von ihrer Hilfe, wenn er zur Toilette müsse. »Voraussetzung ist natürlich, dass die Plätze neben Ihnen nicht ausgegeben wurden, Sie also keinen Nachbarn haben«, schlägt die Crew vor.

Da der Flug nicht ausgebucht ist, sehen wir im Computer nach, ob die Plätze neben dem jungen Mann noch frei sind. In der Tat sind noch zahlreiche Sitze frei – doch leider nicht in der Reihe des jungen Mannes.

Die ersten Passagiere steigen ein, und ich postiere mich bei dem Querschnittgelähmten, um seine Platznachbarn zu erwarten und sie zu fragen, ob sie ihm eventuell ihre Plätze überlassen wollen.

Als die Nachbarn erscheinen, bieten wir ihnen eine Reihe mit vier Plätzen in der Mitte an. Den Vorteil, dann jeweils zwei für sich zu haben, erkennen sie sofort. Ihr Einverständnis geben sie dennoch nicht. »Da haben wir ja keinen Fensterplatz!« Der mitleidige Blick auf den jungen Mann, der ihren Fensterplatz mit seinem Rollstuhl blockiert, ändert nichts. »Soll doch der junge Mann in die Reihe mit den vier Mittelplätzen *gehen*. Dann hat er ja auch noch genügend Platz für seinen Rollstuhl«, sagt das Ehepaar fast gleichzeitig.

»Ist schon okay!«, meldet sich der Querschnittgelähmte zu Wort. »Dann *gehe* ich halt rüber«, sagt er resigniert und bereitet seinen Umzug vor.

Das »Rübergehen« ist ganz einfach: Rollstuhl auf den Gang stellen und die Lehne des Sitzes hochklappen. Danach mit einem kräftigen Schwung und Abstützen der Arme auf den Rollstuhl fallen lassen. Dann zur Mittelreihe mit den vier Plätzen rollen, Sitzlehne hochklappen und wieder mit einem kräftigen Schwung und Abstützen der Arme auf den Sitz fallen lassen, während der Mann und seine Frau mit triumphierenden Blicken ihre so begehrten Fensterplätze besetzen.

FLIEGEN – ZUM KOTZEN SCHÖN

Zwei unbegleitete Kinder müssen am Flugzeug abgeholt und den Eltern übergeben werden, die bereits hinter der Passkontrolle warten.

Die Vierjährige und ihre sechsjährige Schwester befinden sich nicht gerade in bester Verfassung, als ich sie am Flugzeug abhole. Das kleinere Mädchen ist sehr blass. Ich erfahre von der Crew, dass ihm bereits auf dem Flug übel war.

Wir wollen gerade das Gepäck holen, da beugt sich die Vierjährige plötzlich vor und entleert ihren Magen direkt auf meine Schuhe. Bevor ich reagieren kann, ergießt sich bereits die zweite Ladung. Danach fühlt sich das Mädchen sichtlich wohl und die Farbe kehrt in das kleine Gesicht zurück. Passagiere, die ebenfalls auf ihr Gepäck warten, sehen mitleidig in unsere Richtung. Die Kleinen sind vergnügt. Dass ich keine Schuhe, sondern Sandalen trage – an diesem schönen Sommertag ohne Strümpfe –, spüre ich jetzt hautnah. Wir begeben uns zum Waschraum.

Frisch gewaschen und mit rosigen Wangen kehren wir schließlich zum Gepäckband zurück. Die Mädchen spielen mit ihren Puppen, vertreiben sich die Wartezeit. Plötzlich höre ich die Wartenden laut lachen. Offenbar geben die Puppen vernehmliche Würgelaute von sich. Die Kleinen imitieren sehr gut – spielen mit ihren Puppen Erbrechen. Sie trösten und beruhigen sie dabei, während sie ihnen mit einem Taschentuch den Mund abwischen.

Das Gepäck ist endlich komplett und wir begeben uns zur Passkontrolle, wo die beiden Mädchen es kaum erwarten können, ihre Eltern zu sehen. Als die Kleinen ihre Eltern erkennen, sind sie nicht mehr zu halten. Laut lachend und rufend stürmen sie auf sie zu. Alle reden durcheinander. Die Eltern nehmen ihre Kinder in den Arm und drücken sie fest an sich.

Dann wendet die Mutter sich mir zu. »Vielen Dank für Ihre Hilfe. Die Kinder haben den Flug diesmal wohl ohne Probleme überstanden? Die Tabletten gegen Reiseübelkeit haben wir ihnen für diesen Urlaub bei den Großeltern extra eingepackt, damit sie sich unterwegs nicht dauernd übergeben müssen«, sagt die Mutter erleichtert.

Ich lasse sie in dem Glauben und gehe auf nassen und quietschenden Sandalen ins Büro zurück.

SZENEN EINER EHE

Eine Familie ist voller Vorfreude auf den Urlaub. Die erwachsenen Töchter stellen das Gepäck auf die Waage und die Mutter legt die Reisepässe auf den Schalter. Gut gelaunt fragt die Familie nach den allseits beliebten Fensterplätzen. Doch etwas stimmt nicht mit den Pässen. »Ihr Reisepass ist leider nicht mehr gültig. Sie können heute nicht fliegen«, sage ich bedauernd zu dem Ehemann. Auf den dann folgenden Ausbruch bin ich nicht gefasst.

»Du blöde Kuh! Du wolltest dich doch um alles kümmern!«, schreit der Mann seine Frau an. »Ist doch typisch für die Schlampe – wenn man nicht alles selbst macht!« Rasend vor Wut wirft der Familienvater sein Handgepäck zu Boden.

Die Frau schweigt. Ihr Mann brüllt. Wartende Passagiere starren interessiert oder peinlich berührt herüber, was der Mann in seiner Rage nicht bemerkt. Die Töchter schweigen ebenfalls und stehen mit gesenktem Kopf neben der Mutter.

Der üble Monolog des Mannes will nicht enden. Und nun geschieht etwas, mit dem niemand gerechnet hat. Die Frau gibt ihrem Mann wortlos Reisepass und Ticket zurück. Dann stellt sie ihm seelenruhig den Koffer vor die Füße und wendet sich mir zu. »Ich hätte gerne drei Plätze im Nichtraucher – nur für meine Töchter und mich. Mein Mann fliegt nicht mit.«

Jetzt erreicht das Gezeter des Mannes einen neuen Pegel. Der Familienvater nimmt keine Rücksicht auf seine inzwischen sehr blassen Töchter, die noch immer wortlos und hilflos auf seine Beschimpfungen reagieren.

»Ist der Flug pünktlich?«, fragt die Frau.

»Ja, der Flug ist pünktlich«, antworte ich.

»Vielen Dank. Ich werde direkt hingehen«, sagt die Frau

lächelnd und nimmt ihre Reiseunterlagen entgegen. Dann nimmt sie mit ihren Töchtern Kurs auf die Passkontrolle, ohne ihren Mann auch nur eines Blickes zu würdigen. Und tatsächlich: Die drei passieren die Kontrolle und der Mann bleibt gestikulierend und laut schimpfend zurück. Seine Drohungen erreichen sie nicht mehr.

WER HAT DIE TICKETS?

Ein Ehepaar erscheint und freut sich auf seine Rundreise durch Asien. Ein lang ersehnter Wunsch soll endlich in Erfüllung gehen. Lachend stellt der Mann das Gepäck hin und ich frage nach den Tickets und Reisepässen. Die Frau deutet auf ihren Mann, doch der fühlt sich zunächst nicht zuständig.

»Liebling, gibst du mir bitte die Pässe und die Tickets?«

»Wieso denn? Die hast du doch eingesteckt!«

»Nein, du hast die Tasche mit den Tickets. Und du hast bestätigt, dass die Tickets und die Reisepässe in der Tasche sind.«

»Ich habe die Tasche aber nicht mitgenommen!«

»Ich auch nicht!«

»Soll das heißen, unsere Tasche steht noch in unserer Wohnung – im Flur?«

»Ja, das heißt, dass unsere Tasche noch in unserer Wohnung im Flur steht – in Stuttgart!«

Alle Vorfreude ist dahin. Die Frau ist in Tränen aufgelöst. Ihr Mann steht bleich und hilflos neben ihr. Doch sie haben Glück und alle Flüge können umgebucht werden. Allerdings müssen sie eine Nacht in Frankfurt verbringen. Da es ein Abendflug ist, können sie erst am nächsten Morgen mit der Bahn nach Stuttgart fahren.

Der Mann hat sich inzwischen gefasst und beruhigt seine aufgelöste Frau. Sie kann sich noch nicht entscheiden, ob sie nun lachen oder weiter weinen soll. Wir trösten sie ebenfalls, dies sei schließlich kein Einzelfall. »Es kommt öfter vor, als Sie denken, dass Reisepässe zu Hause vergessen werden. Morgen ist ein anderer und vielleicht besserer Tag für Sie.«

»Jetzt suchen wir uns ein Hotelzimmer. Wir haben ja schon Urlaub und gehen schön aus. Und auf den Schreck bestellen wir uns dann einen Drink, den wir nun gut gebrauchen können!«, sagt der Mann lachend und legt tröstend den Arm um seine Frau, die sich nun ebenfalls beruhigt hat.

»Ja, das ist eine gute Idee!«, sagt sie gequält lächelnd. »Natürlich vorausgesetzt, unser Geld ist nicht auch in der Tasche im Flur – in Stuttgart!«

ABSCHIEBUNG
UND MENSCHLICHKEIT

Die Beamten von der Bundespolizei bringen einen Deportee, also jemanden, der in sein Heimatland abgeschoben werden soll, direkt in den Warteraum. Dort ist er den neugierigen Blicken der anderen Fluggäste ausgesetzt. Zwei Beamte suchen sich eine Reihe aus, setzen sich und nehmen den Abschiebehäftling in die Mitte. Er trägt Handschellen.

Nach einigen Minuten bittet er den Beamten: »Können Sie mir bitte die Handschellen abnehmen? Ich schäme mich so vor meinen Landsleuten.«

Einer der Beamten grinst ihn an. Der Deportee senkt den Kopf. »Das hätten Sie sich vielleicht früher überlegen sollen!«, antwortet der Beamte streng.

Der Mann in Handschellen senkt seinen Kopf noch tiefer. Die Stimmung unter den Fluggästen, die die Situation aufmerksam verfolgen, ist gegen den Bedauernswerten. Abschätzig wird die dunkle Hautfarbe des Deportees kommentiert und wie gut es sei, ihn endlich wieder dorthin zu schicken, wo die Dunkelhäutigen hingehörten. Der Beamte grinst triumphierend, weiß er doch alle auf seiner Seite.

Doch darin hat er sich getäuscht. Überrascht blickt der Abschiebehäftling auf seine Hände, als der Schlüssel im Schloss gedreht wird und die Handschellen aufgehen. Der andere Beamte nimmt sie ihm ab, während ihn der nun Entfesselte verwundert ansieht. »Ich danke Ihnen für Ihre Menschlichkeit, mein Herr«, sagt er erleichtert.

Im Warteraum sind die Diskussionen beendet, die Kommentare verstummt. Der Triumph ist aus dem Blick des ersten Beamten verschwunden. Wortlos und irritiert weicht er nicht nur dem Blick des Deportees aus, sondern auch dem seines Kollegen.

SURVEY –
PASSAGIERBEFRAGUNG

Bisweilen führen Fluggesellschaften Passagierbefragungen durch. Mit Hilfe von Fragebögen werden zufällig ausgesuchte Passagiere an Bord oder bereits am Boden interviewt. Die Befragungen werden später ausgewertet. Einmal habe ich selbst das Vergnügen, einen solchen Fragebogen auszufüllen.

Auf einem Flug von Bangkok nach Singapur werde ich mit meinem Standby-Ticket in letzter Minute akzeptiert. Dieses berechtigt nur dann zum Flug, wenn in der Maschine ein Platz frei ist.

Schließlich habe ich Glück und werde gerade noch eingecheckt. Ein Mittelplatz in der letzten Reihe ist noch frei. Links und rechts von mir am Gang sitzen zwei asiatische Herren. Als sie mich bemerken und realisieren, dass ich den Mittelplatz besetzen werde, blicken sie zu mir auf und nehmen gleichzeitig ihre Arme von den Lehnen. Ich nehme Platz und versuche den Gurt anzulegen, ohne die Herren bei ihrer Zeitungslektüre zu stören.

Als nach dem Start Getränke ausgeschenkt werden, erweisen meine Nachbarn sich als wahre Gentlemen. Sie sind sehr besorgt, dass mich die Crew auf meinem Mittelplatz übersehen könnte.

Ich wähle einen trockenen Weißwein aus und bekomme ihn gleich von beiden Seiten eingeschenkt. Der Herr links von mir hebt sein Glas und stellt sich als Geschäftsmann aus Singapur vor. Der andere Herr prostet mir ebenfalls zu und erzählt von seiner Heimat Indien. Von dem Moment an haben wir sehr viel Spaß, denn sowohl Singapurer als auch Inder sprechen ein ganz spezielles Englisch. Beide Varianten kann ich imitieren.

Meine Mitreisenden links und rechts amüsieren sich, nachdem ich ihnen davon jeweils eine Kostprobe geliefert habe.

Die Stimmung in der Reihe ist bereits sehr gut, als die Stewardess mit einem Survey-Fragebogen zu uns kommt. Der Herr aus Singapur bekommt einen ausgehändigt und ich auch. Wir lachen und fragen sie: »Machen Sie das immer so? Erst den Passagieren genügend Wein einschenken und dann die Fragebögen verteilen!« Von dem Moment an geht im hinteren Teil der Kabine das Gelächter los. Die Crew ist belustigt, weil wir anfangen, den Fragebogen mündlich zu beantworten. Auf die Frage »War der Tee heiß oder dunkel genug?« antworten wir laut: »Können wir nicht beurteilen – haben nur Wein bekommen. Leider in viel zu kleinen Gläsern!«

Nächste Frage: »Hatten Sie genügend Beinfreiheit an Ihrem Sitzplatz?« Kommentar: »Wir haben genügend Beinfreiheit. Allerdings keinen Platz für die Schultern, da die Sitze in der letzten Reihe nicht verstellt werden können.« Das Ganze wächst sich zu einem spontanen Kabarettprogramm aus. Das Publikum ist begeistert.

»Waren die Toiletten und die Kabine sauber?«, liest der Herr aus Singapur laut vor. Nun, das können wir nicht gleich beantworten. »Ihr könnt euch etwas ausruhen. Ich werde nachsehen und danach berichten«, schlägt der indische Herr vor. Als er zurückkommt, bleibt er im Gang stehen und grinst: »Ihr könnt eintragen, dass die Toiletten immer abgeschlossen sind und daher nicht beurteilt werden können!«

Unsere Vorstellung findet allenthalben Anklang. Letzte Frage: »Waren die Ansagen der Crew und des Kapitäns deutlich zu verstehen?« Unisono antworten wir: »Nein. Sie haben alle zu viel Wein getrunken – wie wir!«

In der Bordküche hinter uns hören wir plötzlich ein krachendes Geräusch. Einer der Flugbegleiter hat vor Lachen ein Tablett fallen lassen.

REIF FÜR DIE INSEL

Eine Maschine aus Asien ist durch technische Komplikationen mit mehrstündiger Verspätung angekommen. Die Passagiere sind übermüdet und schlecht gelaunt. Die Fluggäste, die ihren Urlaub antreten wollen und ebenfalls seit Stunden warten, sind auch nicht in bester Stimmung. Am Ausgang trifft sich eine aufgeregte Menge. Jeder will seinen Frust in irgendeiner Form loswerden. Und den bekommt meist der erste Uniformierte ab, dem die Aufgebrachten begegnen.

Alle Passagiere sind von Bord gegangen. Ein Familienvater erfährt beim Hinausgehen, dass er seinen Anschlussflug nicht mehr erreichen wird, und bekommt einen Wutanfall. Er wirft sein Handgepäck mit voller Wucht gegen die Wand, während seine Frau bleich und sprachlos neben ihm steht. Die Kinder zucken zusammen und fangen an zu plärren. Wortlos holt ein Kollege das Handgepäck und gibt es dem tobenden Herrn zurück.

Hysterisches Geschrei am Ausgang, das sich noch verstärkt. Gestikulierend reden die Passagiere durcheinander und bestehen auf einem pünktlichen Weiterflug.

Der Familienvater hat sich inzwischen beruhigt und zündet sich mit zitternden Händen eine Zigarette an. »Entschuldigung – wegen meines Ausrasters vorhin. Wissen Sie, wir sind schon seit drei Tagen unterwegs. Mit einer anderen Fluggesellschaft hatten wir bereits Verspätung. Das war eigentlich schon so richtig zum Kotzen! Die aber dann folgte, schlug dem Fass den Boden aus. Man hat uns immer nur angelogen – stundenlang! Mit der kaputten Maschine zu fliegen war dann schließlich auch kein Vergnügen. Vor lauter Angst habe ich überhaupt nicht schlafen können. Und jetzt ist zur Krönung auch noch unser Anschlussflug weg! Also – nochmals Entschuldigung, wegen vorhin und meiner Schreierei. Bin schon wieder reif für die Insel!«, sagt er matt und zündet sich die nächste Zigarette an.

Ich nehme die Entschuldigung an. In dem Moment meldet sich seine Frau zu Wort: »Für die nächste Reise nehmen wir uns mehr Zeit, denn es wird eine Kreuzfahrt«, lacht sie und nimmt ihre Kinder in den Arm. »Und wenn das Schiff am Urlaubsende Verspätung hat, bleiben wir eben alle auf der Insel.«

KLARER KOPF

Zwei fröhliche junge Männer erscheinen mit ihren Rollstühlen am Schalter und legen ihre Reiseunterlagen vor. Ich kann zunächst nicht sehen, dass die beiden keine Beine haben, also beinamputiert sind.

»Kommen Sie allein zurecht oder brauchen Sie eventuell Plätze in der Nähe der Toilette? An Bord ist auch ein spezieller Rollstuhl, den Sie benutzen können. Wir müssen nur die Crew informieren«, biete ich den Passagieren an. Die Antwort der munteren Herren lässt nicht lange auf sich warten. Sie amüsieren sich sichtlich über meine Unsicherheit.

»Brauchen wir alles nicht!«, sagt einer der Herren im Rollstuhl lachend. »Wir können zwar nicht zur Toilette gehen, haben aber kräftige Arme. Wir brauchen die Rollstühle erst wieder bei der Ankunft am Flughafen.«

»Wir kennen uns gut aus, denn wir fliegen nicht zum ersten Mal in Urlaub«, fügt der andere Herr im Rollstuhl hinzu.

Ich wünsche den beiden mobilen Herren einen guten Flug. »Freut mich, dass Sie so selbstständig reisen können und an Bord ebenfalls gut klarkommen.«

»Wir haben zwar keine Beine mehr – aber dafür einen klaren Kopf!«, sagt der eine.

»Und außerdem funktioniert auch alles andere noch sehr gut!«, stimmt der andere schmunzelnd zu.

»Ja, das kann man wohl so sagen. Zum Glück haben sie uns ja nicht alles abgeschnitten!«

Mein irritierter Blick trägt noch erheblich zu ihrer ohnehin schon guten Laune bei. Die anderen Passagiere in der Reihe sehen ihnen bewundernd nach, wie sie mit ihren Rollstühlen davonfahren.

DAS KOMPLIMENT

Ein aufgebrachter amerikanischer Fluggast reagiert äußerst aggressiv auf die Verspätung seines Fluges. Dann beschwert er sich lautstark über den schlechten Service, der ja bekanntlich typisch für Deutschland sei.

Der Gast bekommt einen Gutschein für ein Essen auf Kosten der Fluggesellschaft überreicht. Doch das besänftigt ihn nicht. »Soll das jetzt Bestechung sein, damit ich Ihnen mit Fragen nicht mehr auf die Nerven gehe?«

»Nein. Sie können in Ruhe ein Restaurant aufsuchen und zum Essen gehen. Später werden Sie dann erfahren, wann der Abflug sein wird«, versuche ich den Gast zu beschwichtigen. »Und falls sich in der Zwischenzeit etwas ändern sollte, lassen wir alle Gäste dieses Fluges ausrufen.«

Einen Augenblick bin ich zuversichtlich. Doch dann hebt der Amerikaner drohend die Hand. »Sie lügen doch nur! Sie wissen ganz genau, dass es noch eine weitere Verspätung geben wird!«, sagt er laut und schlägt mit der Hand auf den Schalter. Ich lasse ihn in dem Glauben, um einen weiteren Ausbruch zu verhindern. Schließlich nimmt er den Gutschein für das Essen doch entgegen und geht wortlos davon.

Beim Einsteigen ins Flugzeug sehe ich den noch immer wütenden Herrn wieder. Er zeigt deutlich, dass er über dieses Wiedersehen nicht sehr erfreut ist.

»Welches Parfüm benutzen Sie?«, fragt er plötzlich sehr interessiert, aber streng.

»Das Parfüm heißt ›Poison‹ (Gift)«, antworte ich freundlich lächelnd.

»Dachte ich mir schon!«, sagt er und grinst. »Das passt zu Ihnen!

MITGEFÜHL

Eine türkische Großfamilie hat die Oma zum Flughafen begleitet. Der Rückflug in die Heimat hat allerdings mehrere Stunden Verspätung.

Die Enkelin kommt zum Schalter und fragt: »Wird die Verspätung sehr lange sein?«

»Es ist noch nicht genau bekannt, wann der Abflug stattfinden wird. Die Techniker sagen, dass es eventuell noch zwei Stunden dauern kann«, sage ich bedauernd und bitte sie, in einer Stunde noch einmal zu fragen.

»Kann man nichts machen. Warten wir eben ab«, sagt die Enkelin freundlich und wendet sich ihrer Großfamilie zu, um sie zu informieren.

Sie erscheinen alle pünktlich eine Stunde später. »Haben Sie neue Nachrichten, wann der Abflug sein wird?«

»Leider habe ich keine gute Nachricht für Sie. Es wird noch einige Stunden dauern. Die Techniker bemühen sich weiter, das Problem schnell zu lösen«, teile ich ihnen mit und bin bereits auf Protest oder Geschrei gefasst.

»Oh, das tut mir aber leid. Jetzt können Sie ja gar nicht pünktlich nach Hause gehen. Sie haben wahrscheinlich selbst eine Familie und Kinder. Und jetzt haben Sie auch noch selbst Verspätung – wegen uns!«

»Ich habe noch zwei Stunden regulären Spätdienst und muss also keine Überstunden machen. Aber vielen Dank für Ihr Verständnis. So etwas hören wir hier nicht oft. Bei Verspätungen wird eher mit uns geschimpft, als dass wir mit Mitgefühl der Passagiere rechnen können«, sage ich schließlich.

Die Gruppe entfernt sich, bis auf eine ältere Dame. Sie sieht mich nachdenklich an. »Ich verstehe nicht, wieso die Leute

mit Ihnen schimpfen. Ist doch für Sie auch unangenehm, bei
Verspätungen – wie für alle Passagiere. Die kommen nicht weg
und Sie dann auch nicht. Was können Sie denn dafür, wenn
die Flugzeuge kaputt sind?«

DER HANDY-MANN

Kurz vor Abflug erscheint ein deutscher Geschäftsmann und spricht gestenreich und sehr laut in sein Handy, während er gleichzeitig seine Reiseunterlagen vorlegt. Fragen nach Sitzplatzwunsch werden mit Zeichensprache beantwortet.

Das wichtige Gespräch ist beendet. Ungeduldig wartet der Herr auf seine Bordkarte. »Ihr Handgepäck ist auch für die Kabine der Ersten Klasse zu groß«, sage ich bedauernd. »Es ist richtig, dass Sie zwei Gepäckstücke mitnehmen dürfen – diese Taschen sind allerdings zu groß. Sicherheitsbestimmungen gelten ebenfalls für die Erste Klasse.«

Jetzt braut sich ein Gewitter über mir zusammen. »Sie deutsche Beamtenkuh! Das ist eine Frechheit, die ich mir nicht gefallen lasse!«, protestiert der Mann lautstark und streckt drohend sein Handy in die Luft. »Bringen Sie mir sofort diesen Blödmann her, der solche Gesetze über Sicherheitsbestimmungen macht!«

»Sie respektieren doch auch andere Gesetze, ohne dass die Gesetzgeber bei Ihnen vorstellig werden müssen.«

»Das lasse ich mir von Ihnen nicht bieten! Ich rufe jetzt Ihren vorgesetzten Beamtenarsch an, der mir das bestätigen soll! Und Sie – passen Sie gefälligst auf! Ich bin hier nämlich der Kunde!« Danach gibt der Herr eine imaginäre Nummer in sein Handy ein.

Dann folgt die Wendung. Das Handy wird zugeklappt und das Handgepäck eingecheckt. Es enthält einen Computer sowie Ersatzteile und ist daher zu schwer als Handgepäck. Es folgt eine leise gemurmelte Entschuldigung des Herrn, während er sein Handy fest umklammert hält.

Ich nehme die Entschuldigung an, muss dem Geschäftsmann

allerdings noch einen Hinweis geben: »Lassen Sie das Handy bitte während des Fluges ausgeschaltet, da es die Navigationssysteme des Flugzeugs stören kann.«

»Vielleicht sollte ich mein Handy wegwerfen«, sagt er lachend. »Dann werden hoffentlich meine Navigationssysteme nicht mehr gestört, wie vorhin.«

DER IRRTUM

Bei einem Flug nach London begrüße ich einen vermeintlichen Schwarzafrikaner freundlich: »Good morning, Sir. May I have your passport, please?« Der Herr lacht. »Grüß Gott. Jo mei, den kennens hoaben!«, sagt er freundlich. Er freut sich, dass ich so dumm aus der Wäsche gucke. Dann holt er seinen deutschen Reisepass aus der Tasche und legt ihn grinsend auf den Schalter.

Während ich ihn einchecke, erzählt er von seiner Studienzeit in München und dass er dort länger geblieben sei als geplant. Daraus wurden dann schließlich mehr als zwanzig Jahre. »Manchmal is scho a richtige Gaudi, wenn i in der Straßenbahn hörn muss: Die bledn Asylanten, die wo nur unser Geld kostn und nix dofür oarbeitn«, sagt er und zwinkert uns zu.

Der schwarze Bayer hat uns mit seiner Fröhlichkeit angesteckt. »Lassen Sie Ihre Mitmenschen manchmal in dem Glauben, ein Asylbewerber zu sein, wie in der Straßenbahn?«, möchten wir wissen.

»Jo mei – manchmal sog i hoit zum Abschied: Pfüati Gott! Und erschrecks damit a bisserl«, sagt er lachend.

»Das ist ja ganz schön gemein«, meldet sich mein Kollege zu Wort. »Die Bayern mit diesem Gruß so unerwartet aus der Fassung zu bringen – und dann auch noch als Schwarzer!«

»I woaß. Aber an Spaß macht des, die G'sichter zu sehn«, sagt der Bayer sichtlich vergnügt und verabschiedet sich mit dem Gruß wie in der Straßenbahn: »Pfüati Gott!«

IN LETZTER MINUTE

Passagiere, die eingecheckt sind und zum Abflug nicht erscheinen, lösen hektisches Treiben aus, da der Name ausgerufen und der Kapitän informiert werden muss. Sogar die Starterlaubnis kann verloren gehen. Für die Gäste an Bord entsteht eine unangenehme Wartezeit, da das Gepäck des fehlenden Passagiers gesucht und vor dem Abflug abgeladen werden muss.

Vier Gäste fehlen noch bei einem Flug. Ihre Namen wurden mehrmals über Lautsprecher ausgerufen. Inzwischen ist auch schon damit begonnen worden, ihr Gepäck zu suchen. Dann erscheinen sie plötzlich ganz außer Atem und schwer bepackt mit Aldi-Tüten. Einer der temperamentvollen Herren aus Südamerika hat alle Bordkarten und sucht verzweifelt nach ihnen in seinen Hosentaschen. Dabei fällt ihm die prall gefüllte Tüte aus der Hand. Der Inhalt verstreut sich auf dem Boden. Beim Hinsehen erkennen wir den Grund für die Verspätung: Die Herren waren noch zum Einkaufen im Sexshop. Wir sammeln die Packungen mit potenzsteigernden Mitteln und andere Produkte der Sexindustrie ein und legen alles zusammen grinsend in einen Karton, während die anderen Herren krampfhaft ihre Tüten festhalten.

Die Passagiere gehen an Bord. Einer der Herren hält seinen Karton mit festem Griff, damit sich der Inhalt nicht wieder selbstständig macht. Seine Begleiter halten sich mit spöttischen Bemerkungen nicht zurück – ohne dabei ihrerseits ihre Tüten aus den Augen zu verlieren. Die Gruppe entfernt sich schnellen Schrittes und einige Minuten später rollt die Maschine von der Position.

Wir wollen gerade den Warteraum verlassen, da hören wir

den Stationsleiter laut auflachen. Was ist denn da plötzlich so lustig? Der Mann ist auf etwas getreten. Aber was? Die Herren haben bei ihrer hastigen Flucht einen Scherzartikel aus dem Sexshop verloren. Ein kleiner Plastikpenis zum Aufziehen, der auf großen Füßen steht.

DAS VERSPRECHEN

Ein Herr aus Indien erscheint am Flugsteig. Bis zum Abflug ist noch über eine Stunde Zeit. Der Herr ist sehr freundlich, legt seine Reiseunterlagen vor und erzählt von seinem Rückflug in die indische Heimat.

Dann stellt er einen Karton auf den Schalter, der im ersten Moment aussieht, als enthielte er eine Torte oder so etwas. Aber weit gefehlt. »Da ist meine Tante drin«, sagt der Herr beiläufig. »Darf ich sie ins Flugzeug mitnehmen? Oder meinen Sie, dass es da irgendwelche Probleme geben wird?«

Ich falle fast vom Stuhl. Dann erst sehe ich die Aufschrift: »Urne mit Asche – Bitte pietätvoll behandeln!«

»Sie dürfen den Karton mitnehmen. Wir werden die Crew an Bord informieren«, antworte ich schließlich, nachdem ich mich von meinem Schrecken erholt habe.

»Wissen Sie, ich habe meiner Tante versprochen, ihre Asche in den Ganges zu streuen«, erzählt der indische Herr, »und jetzt muss ich mein Versprechen auch einlösen. Meine Tante hat hier in Deutschland gelebt und ist auch in diesem Land gestorben. Beerdigt werden wollte sie hier aber nicht – auf keinen Fall!«

»Sie können jetzt in den Warteraum gehen. Es wird keine Probleme geben«, sagt der Stationsleiter der Fluggesellschaft. Der indische Herr bedankt sich erleichtert. Dann nimmt er seine Tante im Karton unter den Arm und geht davon.

Wir sind fasziniert und beeindruckt, wie unbefangen manche Kulturen mit dem Thema Tod umgehen, der in unserem Kulturkreis noch immer sehr tabuisiert ist. Wie sehr und für manche voller Schrecken, können wir an der Reaktion der Passagiere sehen, die fluchtartig ihre Plätze neben dem indischen

Herrn verlassen. Die Aufschrift »Urne mit Asche – Bitte pietätvoll behandeln!« ist für sie offenbar schlimmer als ein Bom-
benalarm.

OMU.

LEICHTE FRACHT

Nach einem hektischen und überbuchten Flug mit über 300 Gästen sitzen wir im Warteraum und sehen zu, wie die Maschine von der Position rollt.

Ein Kollege zündet sich eine Zigarette an. Da sieht er entgeistert auf dem Stuhl neben sich eine Handtasche liegen. Der Stationsleiter der Fluggesellschaft kommt aufgeregt dazu und inspiziert die Tasche. Reisepässe und Tickets kommen zum Vorschein, desgleichen eine Brieftasche mit Geldscheinen und Schecks. Hastig werden die Namen der Tickets mit Hilfe des Computers verglichen. Kein Zweifel, sie gehören Passagieren dieses Fluges. Das kann großen Ärger geben. Ohne Reiseunterlagen und vor allen Dingen ohne ihre Reisepässe wird die Reise für die Passagiere bereits bei Ankunft beendet sein, wenn es uns nicht gelingen sollte, die Handtasche an Bord zu bringen.

Jetzt muss es schnell gehen. Ein Kollege schnappt sich die Tasche und spurtet die Treppen zum Vorfeld hinunter. Am »Pushback« – dem Fahrzeug, mit dem Flugzeuge manövriert werden – erwischt er atemlos den Fahrer, der Funkkontakt zum Kapitän hat. Gerade noch rechtzeitig: Der Kapitän entscheidet spontan, eine kleine Klappe neben dem Fahrwerk zu öffnen, damit die Tasche an Bord bugsiert werden kann. An einem Seil wird sie nach oben befördert und verschwindet, klein wie ein Punkt, in dem nun sehr groß erscheinenden Flugzeug.

Vom Warteraum aus verfolgen wir gespannt die Situation und sehen erleichtert, dass es doch noch geklappt hat. »Das war knapp! Vielen Dank für die schnelle Reaktion. Sie haben den Passagieren den Urlaub gerettet«, bedankt sich der Stationsleiter bei dem Kollegen.

»Die Situation war filmreif, mit der rollenden B747 – einem

Jumbo und seiner letzten Beladung, einer Handtasche. Besser hätte die Szene in einem 007-Film auch nicht sein können«, sagt der Kollege lachend und zündet sich genüsslich eine Zigarette an. Diesmal schaut er wohlweislich nicht auf die Stühle neben sich.

VISUM UND DOCH KEIN VISUM

Ein türkisches Ehepaar mit Kind erscheint voller Urlaubs-freude. Beim Überprüfen der Reisepässe stelle ich fest, dass das Kind zwar im Reisepass der Mutter eingetragen ist, allerdings nicht im Visum erwähnt wird. Die Einreise ist nicht möglich.

Die Eltern wollen nicht akzeptieren, dass sie umbuchen sollen. Sie glauben fest, alles habe seine Richtigkeit. »Aber wir haben bei der Botschaft für alle drei einen Visa-Antrag gestellt und dann auch für alle drei bezahlt«, empören sie sich lautstark.

»Haben Sie eine Quittung dabei?«, frage ich den verärgerten Herrn.

»Wir haben keine Quittung dabei. Wer denkt denn an so was! Wir haben unsere Pässe bekommen und gedacht, alles sei in Ordnung«, sagt die Frau ruhig, während ihr Mann zustimmend nickt.

»Es tut mir leid, nichts mehr für Sie tun zu können. Die Einreise ist nicht möglich. Sie können die Angelegenheit mit der Botschaft klären und Ihren Flug umbuchen«, sage ich bedauernd und gebe die Reiseunterlagen zurück.

Der Familienvater wird nun sehr laut. Die anderen Fluggäste sehen neugierig zu ihm hin. »Sie wollen uns doch nur schikanieren! Sie sind ausländerfeindlich – das ist das Problem!«, schreit er und schlägt mit der Faust auf den Schalter.

»Die Kollegin ist nicht ausländerfeindlich«, sagt der Stationsleiter indischer Abstammung und versucht den aufgebrachten Herrn zu beruhigen. »Das kann ich aus eigener Erfahrung bestätigen. Wir müssen die Einreisebestimmungen einhalten. Sie haben doch nichts davon, wenn Sie jetzt abfliegen und nicht einreisen können. Schließlich muss die Fluggesellschaft in dem Fall auch noch eine hohe Strafe zahlen – davon haben wir ebenfalls nichts, außer viel Ärger auf beiden Seiten«, überzeugt er schließlich den Erzürnten.

Der Passagier entschuldigt sich. »Können Sie uns nicht helfen und bei der Botschaft anrufen? Schließlich haben die dort einen Fehler gemacht und nicht wir! Bitte – versuchen Sie es, auch wenn Wochenende ist!«, sagt er verzweifelt.

Wir erreichen zunächst nur den Notdienst der Botschaft und hinterlassen eine Nachricht auf dem Anrufbeantworter. Nach wenigen Minuten ruft tatsächlich jemand zurück. Der Sekretär meldet sich vom Autotelefon und verspricht, gleich zur Botschaft zu fahren, um den Fall zu überprüfen. Wieder beginnt ein Wettlauf mit der Zeit. Wir sind alle gespannt, wie dieser Fall ausgehen wird.

Der erlösende Anruf erfolgt nach einer Stunde. Es handelt sich um einen Fehler der Botschaft. »Bedauerlicher Irrtum!«, sagt der Sekretär. »Der Name des Kindes wurde tatsächlich vergessen. Die Eltern haben drei Visa-Anträge gestellt und auch bezahlt. Ihre Angaben sind also korrekt. Wir werden der Einreisebehörde ein Fax schicken und Ihnen nach Frankfurt ebenfalls, damit es keine Komplikationen mehr geben wird. Die Gäste können ihre Reise antreten.«

Wir geben die gute Nachricht an die Passagiere weiter. Der vorher so aufgebrachte Familienvater entschuldigt sich erneut für sein Verhalten und nimmt erleichtert sein Kind in den Arm. »Vielen Dank für Ihre Hilfe. Es tut mir leid, dass ich Sie vorhin als ausländerfeindlich bezeichnet habe. Das war sehr dumm von mir.« Verlegen sieht er zu seiner Frau hinüber.

»Wir widersprechen nicht – ausnahmsweise!«, sagt sie lachend und zwinkert mir zu.

ERSTE KLASSE

Am speziellen Erste-Klasse-Schalter stehen Blumen und Schälchen mit Bonbons. Der rote Teppich ist sehr abschreckend für »normale« Passagiere. Außerdem verteilen manche Fluggesellschaften persönliche Informationen: Der Passagier bekommt einen Brief überreicht, in dem der Name des Kapitäns steht und der Auskunft über Flugzeit und Mahlzeiten gibt, die an Bord auf Wunsch serviert werden.

Ein britischer Erste-Klasse-Passagier öffnet einen solchen Brief und liest ihn laut vor: »Da bin ich aber beeindruckt!«, lacht er. »Und vor allen Dingen ist der Kapitän zur gleichen Zeit an Bord wie ich. Sogar zu essen bekomme ich etwas!«, sagt er und nimmt sich drei Bonbons aus dem Schälchen. »Nur für den Fall, dass es mit dem Essen an Bord doch nicht so klappen sollte.«

Von der Fröhlichkeit des Passagiers angesteckt, machen wir ihm einen Vorschlag: »Wenn Ihnen der Brief so gut gefällt und Freude macht, nehmen Sie ihn mit und hängen ihn in Ihrem Büro auf. Dann haben Sie immer etwas zum Lachen.«

»Das ist eine gute Idee!«, stimmt der Brite zu.

Am Ausgang treffen wir ihn kurz vor dem Einsteigen ins Flugzeug wieder. »Ist der Kapitän denn überhaupt schon da?«, fragt er sogleich. Wir nicken. Bevor wir antworten können, lacht er: »Da bin ich aber beruhigt!«, und öffnet seine Hand, um seinen Proviant, die drei Bonbons, zu zeigen.

Die Passagiere um ihn herum schmunzeln.

»Jetzt kann mir ja nichts mehr passieren: Der Kapitän fliegt zur gleichen Zeit mit und verhungern werde ich auf dem Flug wohl auch nicht!«

KEIN SCHÖNER LAND

Ein indischer UNO-Diplomat ist auf dem Weg von Singapur nach New York. Die Maschine hat im Transit in Frankfurt über eine Stunde Bodenzeit und die Passagiere dürfen das Flugzeug sowie den Warteraum verlassen.

Der Diplomat fragt nach der nächsten Apotheke: »Ich muss dringend ein Rezept einlösen, weil ich in Singapur nicht mehr dazu gekommen bin. Ich bin Allergiker.«

»Hier im Transit haben wir leider keine Apotheke. Sie müssen durch die Passkontrolle ins Terminal gehen«, sage ich. »Aber Sie haben über eine Stunde Zeit. Damit dürfte es kein Problem sein, Ihr Medikament zu bekommen.«

Beim Einsteigen ins Flugzeug sehe ich den UNO-Diplomaten wieder, der sichtlich verärgert ist. »Ich danke Ihnen für die freundliche Information. Leider konnte ich das Rezept nicht einlösen. An der Passkontrolle wurde ich sehr unfreundlich zurückgewiesen, weil ich kein Visum habe.«

»Sehr bedauerlich. Sie hätten uns informieren können, dann hätten wir das gerne für Sie erledigt«, kann ich nur noch entschuldigend sagen.

Die Antwort lässt nicht lange auf sich warten: »Auf die Idee bin ich nicht gekommen, nachdem ich diese schlechte Behandlung erfahren musste. Ich kann jetzt nachempfinden, wie sich Menschen fühlen, die in Ihrem Land um Asyl bitten!«, sagt der Herr ungehalten.

Der Stationsleiter schaltet sich ein und will den Diplomaten mit einer Entschuldigung beruhigen. Doch damit hat er kein Glück. »Ich kann nur wiederholen, was ich bereits dem Beamten an der Passkontrolle sagte: So schön ist Ihr Land nicht, dass ich hier unbedingt bleiben möchte!«, erteilt der Fluggast ihm eine Abfuhr.

Auch Diplomaten können undiplomatisch sein.

FLUGTAUGLICHKEIT

Am Flugsteig haben wir eine amüsante Begegnung mit einem Briten, der Wert auf die Feststellung legt: »Ich bin Schotte, kein blöder Brite!«

Der Brite oder Schotte ist nicht aggressiv, allerdings sehr betrunken. Deshalb wird entschieden, ihn nicht fliegen zu lassen. Er muss abgeladen werden.

Während man an Bord nach seinem Gepäck sucht, versuchen wir sein Ticket zu finden. Allerdings werden wir laufend von dem Briten oder Schotten unterbrochen, der uns immer die gleichen Fragen stellt. Er kann nicht begreifen, dass seine Weiterreise so schnöde unterbunden wird.

»Leider können wir jetzt nichts mehr für Sie tun, als Sie auf den morgigen Flug zu buchen, wie ich Ihnen bereits sagte«, versuche ich dem Passagier zu erklären. Der Brite oder Schotte grinst mich an. »Du denkst wohl, ich bin mit dem Bananen-Boot auf der Themse gerudert – oder was?«, lallt er.

Wir verneinen schmunzelnd und geben ihm sein Ticket zurück.

Am nächsten Tag erhalten wir einen Anruf von der Flughafenklinik: »Wir haben hier einen Gast, der ein Ticket für den Flug nach London hat. Der Passagier wird an diesem Flug nicht teilnehmen. Wir behalten ihn besser noch einen Tag hier.«

»Ist er zu betrunken, um zu fliegen, also nicht flugtauglich?«, fragt der Stationsleiter.

»Das dürfen wir Ihnen nicht sagen. Langeweile haben wir mit ihm allerdings nicht«, lacht der Arzt. »Er erzählt dauernd etwas von einer Fahrt mit dem Bananen-Boot und Sie seien darüber informiert.«

HONEYMOON –
HOCHZEITSREISE

Wenn Passagiere sich auf Hochzeitsreise befinden, wird bei Buchung der Reise oft die Fluggesellschaft informiert und sie bekommen an Bord des Flugzeugs eine Hochzeitstorte. Im Computer ist ein Kommentar bei den Namen eingegeben: Honeymoon.

Von den Hochzeitsfeierlichkeiten sichtlich erschöpfte »Honeymooner« erscheinen und freuen sich auf die Flitterwochen. Ich gratuliere ihnen zu diesem mutigen Schritt. Die junge Ehefrau sagt: »Danke schön. Ja, ich weiß, dass es mutig ist. Wir wagen es trotzdem und genießen die Zeit – egal welche uns bleibt.«

Der Ehemann lächelt seine Frau an und erzählt: »Als ich unterwegs war, um meinen Hochzeitsanzug zu kaufen, fuhr ich hinter einem Auto her, das einen Aufkleber hatte, auf dem stand: Wer heiratet, kann die Probleme teilen, die er vorher nicht hatte.«

Die anderen Passagiere lachen mit uns und ich kann auch ein Zitat beisteuern: »Das Gute am Heiraten ist, dass man nicht mehr allein ist – und das Schlechte am Heiraten ist, dass man nicht mehr allein ist.«

»Ist der Spruch von Ihnen?«, fragt der junge Ehemann und nimmt seine Frau in den Arm.

»Das Zitat ist nicht von mir, sondern von Nietzsche«, gebe ich zu.

Am Flugzeug sehe ich das fröhliche Hochzeitspaar wieder. »Schade, dass Sie nicht auf unserer Hochzeit waren. Ihr Spruch von vorhin war richtig gut!«, sagt die junge Ehefrau.

»Ich kann Ihnen noch einen mit auf die Reise geben: Liebe

ist etwas Ideelles, Heiraten etwas Reelles; und nie verwechselt man ungestraft das Ideelle mit dem Reellen.«

Das gefällt den Flitterwöchnern genauso gut wie der Nietzsche-Spruch. »Aber dieses Zitat ist doch von Ihnen – oder nicht?«, will das junge Ehepaar noch wissen, bevor es ins Flugzeug einsteigt.

»Nein, es ist leider nicht von mir – es ist von Goethe.«

BLINDER PASSAGIER

Ein im wahrsten Sinne des Wortes blinder Passagier ist angemeldet und soll an der Maschine abgeholt und durch die Passkontrolle begleitet werden.

Am Flugzeug werde ich von dem jungen Mann bereits erwartet. »Darf ich Ihren Arm nehmen?«, fragt er gut gelaunt.

»Ja, das dürfen Sie. Mich auf den Arm zu nehmen würde ich Ihnen allerdings nicht raten!«, antworte ich schmunzelnd.

Der Blinde lacht und verabschiedet sich von der Crew. Danach nimmt er meinen Arm und wir gehen los, Richtung Passkontrolle. Der Blinde hat seinen Stock dabei, den er nicht nutzt, und hält sich stattdessen weiter an meinem Arm fest. Unterwegs macht er Scherze. Dann sagt er: »Mein Bruder holt mich ab. Danach sind Sie mich bald wieder los. Jetzt erzähle ich Ihnen einen Witz: Wie wird man am besten einen Blinden los? Indem man ihn an eine Litfaßsäule stellt und sagt: Gehen Sie immer an der Wand lang.«

Erst getraue ich mich nicht zu reagieren, was den Blinden nicht davon abhält, sich lustig zu machen. »Sie dürfen ruhig lachen. Ich finde diesen Witz genial!«

An der Passkontrolle staunen die Beamten nicht schlecht, als sie mich mit dem fröhlichen Blinden ankommen sehen. Der wartende Bruder staunt nicht, denn er kennt seinen »Spaßvogel« und begrüßt ihn mit einer herzlichen Umarmung.

Der Blinde bedankt sich und überrascht mich zum Schluss noch mit einem Kompliment: »Sie haben ein tolles Parfüm! Und es passt gut zu Ihren grünen Augen.«

Ich bin baff. »Ja, ich habe grüne Augen«, gebe ich zu. »Aber wie können Sie das wissen?«

»Weiß ich doch gar nicht! Habe ich einfach geraten.«

DIE PRINZESSIN

Eine große Familie versammelt sich am Schalter, um ihren Besuch nach Bangladesch zu verabschieden. Eine junge Frau wird von ihren zahlreichen Angehörigen zum Abflug begleitet. Sie ist fröhlich und sieht aus wie eine Prinzessin in ihren bunten Gewändern. Dazu trägt sie viele Armreifen und Ketten aus Gold. Verständigen können wir uns nicht und ich bitte einen der Begleiter zu übersetzen. »Kommt die Dame allein zurecht?«, frage ich ihn.

»Meine Nichte kommt aus einem kleinen Dorf. Schreiben kann sie nur wenig, mit dem Lesen sieht es schlecht aus. Wäre nett, wenn sie jemand zum Flugzeug begleiten könnte«, sagt der Herr und ist sichtlich erleichtert. Es folgt ein langer Abschied, ohne Tränen und voller Herzlichkeit.

Ich gehe mit der jungen Frau in Richtung Passkontrolle. Auf dem Weg nimmt die »Prinzessin« vertrauensvoll meine Hand und lässt sich wie ein kleines Kind von mir führen. An der Kontrolle für das Handgepäck lacht sie über die Prozedur. Schließlich kommen wir am Warteraum an und ich deute auf einen Stuhl. Sie lächelt und setzt sich.

Als nach einer Stunde die Maschine zum Einsteigen bereit ist, nimmt die junge Frau mich wieder an der Hand und wir begeben uns an Bord. Dort kniet sie sich plötzlich vor mich hin und küsst mir die Hände. Die Flugbegleiterinnen lachen über meinen verwunderten Gesichtsausdruck, während die »Prinzessin« noch immer auf dem Boden kniet und meine Hand fest umklammert hält.

»Stehen Sie bitte auf«, sage ich verlegen und erhalte ein Lächeln als Antwort.

»Sie möchte sich auf diesem Wege bei Ihnen bedanken und

ihren Respekt ausdrücken«, erklärt eine der Flugbegleiterinnen.

Schließlich steht die »Prinzessin« auf und verbeugt sich vor
mir. Danach wird sie von einer Flugbegleiterin zu ihrem Platz
gebracht, dessen Nummer sie nicht lesen kann.

DIE REISEPASS-RALLYE

Eine Gruppe von Schülern hat eine mehrwöchige Rundreise durch Australien gebucht. Die fröhlichen Jugendlichen reden laut und manche von ihnen sind sehr aufgeregt. Beim Durchsehen der Pässe aber muss ich feststellen, dass ein Mädchen der Gruppe aus Versehen den Reisepass der Mutter eingepackt hat.

Die unerfreuliche Nachricht lässt das Mädchen erblassen. »Ich rufe jetzt schnell meinen Vater an. Wissen Sie, er fährt einen Jaguar, und vielleicht schafft er es noch, mir den richtigen Reisepass zu bringen«, stammelt sie aufgeregt.

»Wo wohnen Sie denn?«

»Wir wohnen einige Kilometer hinter Köln.«

»Na, das wird wohl eine interessante Fahrt. Und eine spannende Wartezeit!«

Der Vater macht sich kurz darauf mit dem Reisepass auf den Weg. Sein Jaguar hat Autotelefon und von diesem Zeitpunkt an erhalten wir telefonische Mitteilungen über den jeweiligen Standort. Diese übermittelt uns der Verkehrsleiter des Flughafens direkt zum Schalter. Ein nervenaufreibender Wettlauf mit der Zeit. Dann sind es nur noch 45 Minuten bis zum Abflug. Die Gruppe wird immer aufgeregter.

Wir ahnen, dass es der Vater trotz des sportlichen Wagens nicht mehr schaffen wird, rechtzeitig am Flughafen zu sein. Der letzte Anruf aus dem Jaguar kommt kurz vor dem Frankfurter Kreuz und kurz bevor sich die Flugzeugtür schließt. Der Stationsleiter der Fluggesellschaft möchte den Flug nicht verspäten. Schließlich rollt die Maschine von der Position und dem Mädchen eine Träne über das bleiche Gesicht.

Das Mädchen ist kaum zu beruhigen. Wir nehmen es mit in

unseren Aufenthaltsraum, wo der Vater einige Minuten später erschöpft eintrifft. Er nimmt seine Tochter in den Arm. »Es gibt noch mehr Flüge nach Australien. Jetzt gehen wir schön zu Abend essen und suchen ein Hotelzimmer. Morgen früh kannst du mit der ersten Maschine fliegen. Wenn es ein direkter Flug ist, bist du vielleicht noch vor den anderen da. Was glaubst du, wie die staunen werden!«, sagt er tröstend und freut sich über den Anflug eines Lächelns im blassen Gesicht seiner Tochter.

STANDORT DEUTSCHLAND

Deutsche Geschäftsleute und Unternehmer, die im Ausland leben und arbeiten, sprechen oft über den Standort Deutschland. Nicht selten wird dabei mit viel Spott über die »deutsche Wertarbeit« diskutiert.

Ein deutscher Passagier, der seit längerer Zeit im Ausland lebt und neben vielen Projekten auch Firmen in Asien hat, macht sich im Verlauf des Gespräches über die deutschen Ladenschlussgesetze und deren Auswirkungen lustig: »Die Pyramide dreht sich. Die Deutschen und die Europäer werden sich noch wundern! Die Zukunftsmusik wird in den asiatischen Tigerstaaten gespielt«, sagt der Geschäftsmann schmunzelnd.

»Ja, konfuzianische Lehre sowie ethnische und kulturelle Identität bilden in Verbindung mit Fleiß und Motivation ein sehr schweres Geschütz gegen das europäische Bollwerk«, schließt sich ein anderer Geschäftsmann an, der ebenfalls auf dem Weg in eine asiatische Metropole ist.

Ich mische mich ebenfalls in die Debatte ein – mit einer Anekdote von meinem letzten Aufenthalt in Asien: »Als Gewerkschaftsmitglied habe ich versucht, die 35-Stunden-Woche bei vollem Lohnausgleich zu erklären. Ich erntete sehr viel Gelächter für diese kabarettistische Vorstellung. Sie hielten es für eine satirische Übertreibung, gleiches Geld für weniger Arbeit zu bekommen. Vermutlich hätte ich in Asien damit auf Tournee gehen können.«

Die beiden Geschäftsleute lachen zustimmend. Einer der Unternehmer grinst. »Da Sie Humor haben, erzähle ich Ihnen jetzt einen gewerkschaftsfeindlichen Witz: Jesus kommt auf die Erde zurück und geht in einer deutschen Kneipe an einen Tisch, an dem ein Amerikaner, ein Russe und ein Deutscher sitzen.

Jesus legt dem Russen die Hand auf die Schulter. Der ist ganz überrascht: ›Mensch, ich habe ja nie an den ganzen Quatsch geglaubt – aber mein Rheuma ist verschwunden!‹

Dann legt Jesus die Hand auf den Kopf des Amerikaners, der ebenfalls verwundert ist: ›Das gibt es doch nicht! – Meine Migräne ist weg!‹

Der Deutsche hebt abwehrend die Hand und sagt zu Jesus: ›Fass mich bloß nicht an! Ich bin noch vierzehn Tage krankgeschrieben.‹«

Die beiden Herren sind vor Lachen ganz außer Atem. »Mit dem Witz könnten wir in Asien ebenfalls auf Tournee gehen«, sagen sie fast gleichzeitig. »Das wäre doch ein tolles Programm: Unser Witz und Ihr Vortrag über die 35-Stunden-Woche bei vollem Lohnausgleich!«

»Wenn ich den Witz beim nächsten Gewerkschaftstreffen erzähle, kündigen die mir vielleicht die Mitgliedschaft.«

»Wenn Sie kein Mitglied mehr in der Gewerkschaft sind, können Sie uns Ihre Bewerbungsunterlagen schicken.« Die beiden Herren überreichen mir ihre Visitenkarten.

EIN KÜSSCHEN IN EHREN

Kurz vor dem Einsteigen ins Flugzeug wird es im Warteraum plötzlich unruhig. Die Fans eines jungen austra-
lischen Popstars haben ihren Schwarm erkannt und bitten um
Autogramme. Der Sänger ist zugänglich und kommt den Bitten seiner jungen Fans gerne nach. Dann lässt er sich geduldig
mit ihnen fotografieren.

Fast alle Gäste sind eingestiegen, da steht er plötzlich neben
uns und fragt: »Können Sie mir bitte noch schnell einen Artikel
aus der BRAVO-Zeitschrift übersetzen?«

Es handelt sich um einen Bericht über seinen letzten Auftritt.
Ich beginne den Artikel zu übersetzen. Er lacht sich eins und
unterbricht mich immer wieder mit scherzenden Kommen-
taren. Im Resümee des Artikels heißt es: »Er beeindruckte das
weibliche Publikum durch seine Tanzkünste und seinen tollen
Körper. Er sah richtig sexy aus!« Der junge Sänger freut sich
wie ein Schneekönig und bedankt sich auf seine Weise für die
Übersetzung mit einem Kuss.

Auf dem Weg zum Flugzeug schwärmt er von seinen Zu-
kunftsplänen und seinem Umzug: »Ich freue mich schon sehr
auf London und werde dort meine Solokarriere starten. Ich
habe ein gutes Gefühl, dass es klappen wird!«, sagt er zuversichtlich lächelnd.

»Auf jeden Fall würde ich mich sehr freuen, wenn ihr mir alle
die Daumen drückt. Oder sehe ich euch bei meinem Rückflug
in Frankfurt wieder?«, verabschiedet er sich lachend am Flugzeug. Dann wird er von der Crew an Bord herzlich begrüßt
und ebenfalls um Autogramme gebeten.

Dass der Karrierewunsch gute Chancen hat, in Erfüllung zu
gehen, können wir bei einer Pause im Aufenthaltsraum sehen:

Im Fernsehen läuft ein Videoclip des jungen Sängers. Beim anschließenden Kommentar wird sowohl über seinen Umzug nach London als auch über seine guten Chancen gesprochen. Das »gute Gefühl« hat ihn nicht getäuscht. Wir freuen uns, denn wir haben nicht damit gerechnet, diese Nachricht noch am Tag seines Abflugs zu hören.

ENTERTAINMENT

Bei einem Flug ist die komplette Erste Klasse von bekannten Fotografen aus Frankreich gebucht. Sie sind unterwegs in mehrere asiatische Metropolen, um Aufnahmen zu machen, die später in einem Bildband veröffentlicht werden sollen. Die mitreisenden weiblichen Fotomodelle sind nicht zu übersehen, da sie die anwesenden Herren überragen.

Nachdem alle eingecheckt sind, hat die Gruppe noch drei Stunden Zeit bis zum Abflug. Einer der Fotografen schmunzelt. »Haben Sie hier am Flughafen auch Entertainment, wo wir uns ein bisschen die Zeit vertreiben können?«

»Moulin Rouge haben wir hier nicht – nur ein Sexkino«, antworte ich zum großen Vergnügen der Umstehenden.

»Hm, Erotic Cinema ...«, ruft einer der Herren laut aus der Gruppe.

»Können Sie uns sagen, ob es weit ist?«, fragt ein anderer.

»Das Kino ist nur zwei Etagen tiefer«, erkläre ich.

»Dann gehen wir mal los und sind gespannt, was es so zu sehen gibt.« Die Gruppe macht sich witzelnd auf den Weg. »Wir werden Ihnen später berichten!«

Am Flugzeug treffen wir die aufgekratzten Franzosen wieder. »Das Erotic Cinema hat uns nicht so gut gefallen. Der Film war schrecklich langweilig. Zum Glück haben wir nicht verstanden, was gesprochen wurde!«, sagt einer, während die anderen zustimmend nicken.

»Wenn wir nach getaner Arbeit in Asien nach Paris zurückfliegen werden, können wir den Chef des Moulin Rouge fragen, ob er eine Dependance am Frankfurter Flughafen eröffnen kann. Das wäre dann echtes Entertainment – und die Franzosen hätten nicht so viel Heimweh, wenn sie hier lange warten müssen!«, schlägt ein anderer aus der Gruppe vor. »Außerdem hätten die Beschäftigten hier auch etwas Abwechslung – während der Pause oder nach Feierabend.«

»An Entertainment mangelt es uns Beschäftigten hier am Flughafen nicht. Diese Bühne ist immer geöffnet und das Programm sehr abwechslungsreich«, erwidere ich.

»Unsere Vorstellung ist aber leider beendet«, ruft einer aus der Gruppe lachend.

DIE LUSTIGE WITWE

Eine Frau legt zwei Tickets und einen Reisepass auf den Schalter. Ich frage nach dem Reisepass des Mannes. »Den brauchen Sie nicht zu sehen! Mein Mann ist plötzlich verstorben.«

Nach dem ersten Schreck suche ich nach Worten und gebe der Frau das Ticket ihres Mannes zurück. »Das tut mir leid. Das Ticket brauche ich dann nicht.«

»Machen Sie damit, was Sie wollen! Und jetzt geben Sie mir einen schönen Platz im Raucher. Ich hoffe, Sie haben gute Drinks an Bord«, sagt die Frau ruhig. Dann wirft sie mit einer lässigen Handbewegung das Ticket zurück und lacht über meinen irritierten Gesichtsausdruck.

»Selbstverständlich ...«, sage ich zögernd.

»Jetzt starren Sie mich nicht so an! Es geht mir wirklich gut und ich freue mich auf meinen Urlaub – allein«, sagt die lustige Witwe.

Verunsichert und nachdenklich bringe ich das Ticket später zum Reiseveranstalter zurück. Zu meiner Überraschung wird es bereits erwartet. »Der verstorbene Ehemann hat vor dem gebuchten ehelichen Urlaub noch kurz einen unehelichen Urlaub gemacht«, sagt der Herr und nimmt das Ticket entgegen. »Der uneheliche Urlaub war eine angebliche Geschäftsreise, in Begleitung einer anderen Frau.«

»Das war wohl seine letzte Reise – diese angebliche Geschäftsreise?«

»Ja, allerdings! Aus dem Rückflug wurde eine Überführung, nachdem ein Herzinfarkt den Urlaub jäh beendet hatte. Als Reiseveranstalter wurden wir über den Fall informiert. Die Ehefrau stornierte später nur die Buchung des Ehemannes für die Reise mit ihr, die ebenfalls bei uns gebucht war.«

»Jetzt verstehe ich das Verhalten der vermeintlich lustigen Witwe. Sie war also eigentlich sehr verbittert«, stelle ich fest.

»Ja, so hat die angebliche Geschäftsreise mit der anderen Frau dem Mann im wahrsten Sinne des Wortes das Herz – die Gattin würde sagen, das Genick – gebrochen.« Der Herr legt das Ticket des Verstorbenen in den Ablagekorb.

DAS ULTIMATUM

Ein wegen schlechten Wetters verspäteter Charterflug nach der Kanalinsel Jersey sorgt für Unmut unter den wartenden Passagieren. Es handelt sich um eine kleine Maschine, die nicht an einer Gebäudeposition stehen kann. Von einem kleinen Warteraum sollen die Fluggäste mit dem Bus zur Maschine gefahren werden.

Weitere Verspätung steht zu befürchten. Die Gäste warten ungeduldig und schlecht gelaunt in dem winzigen Raum. Da sich der Schalter mit dem Telefon ebenfalls dort befindet, können die Passagiere immer mithören, wenn ich telefoniere.

Ich bekomme einen Anruf mit einer klaren Anweisung: Mitteilung an die Fluggäste, mit einer weiteren Verspätung von mindestens zwei Stunden zu rechnen. Ich habe meine Ansage noch nicht beendet, als ein Herr mit der Faust auf den Schalter schlägt und mich anbrüllt: »Jetzt reicht es mir aber! Ich habe einen wichtigen Geschäftstermin und muss unbedingt nach Jersey. Sie chartern sofort ein Flugzeug für mich! Wie Sie das machen, ist mir egal! Ich gebe Ihnen dafür genau eine halbe Stunde Zeit – und keine Minute länger!«

Stille. Die anderen Passagiere starren den Herrn an, während ich den Telefonhörer abnehme und laut sage: »Hier spricht Alexis Colby (eine Figur aus der Fernsehserie Denver Clan). Tanken Sie bitte sofort meinen Jet auf. In einer halben Stunde ist Abflug.«

Damit habe ich ins Schwarze getroffen. Die Passagiere schlagen sich auf die Schenkel und der ungeduldige Herr sieht mich entgeistert an. Dann lächelt er verlegen. »Tut mir leid. Der Termin kann warten. Sie können am schlechten Wetter nichts ändern und haben mir eben gut zu verstehen gegeben, wie blöd ich bin.«

»Diesmal widerspreche ich Ihnen nicht«, sage ich schmunzelnd und nehme die Entschuldigung an.

Unter dem Gelächter der anderen Passagiere geht der Herr zu seinem Platz zurück. Ein Gast meldet sich zu Wort und ruft mir laut zu: »Ich möchte sofort umbuchen – nach Dallas!«

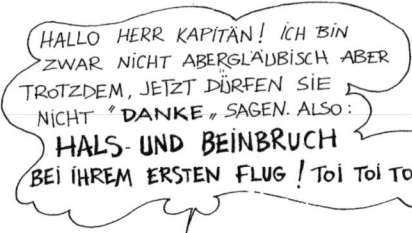

WINTERZEIT,
SOMMERZEIT

Passagiere fliegen bei langen Reisen oft durch Zeit- und Klimazonen. Im Winter kommen sie dick angezogen zum Flughafen und fragen nach den Schließfächern, um sich ihrer Winterkleidung zu entledigen, wenn es in sommerliche Gefilde geht.

Um die Adventszeit, kurz vor Abflug in die Karibik, bemerken wir Unruhe im Warteraum. Des Rätsels Lösung: Dort findet gerade eine besondere Vorstellung statt. Zwei junge Männer mit Körpern wie die California Dream Men entblättern sich bis auf die Unterhosen. Manche Fluggäste sind begeistert, andere dagegen schauen verkniffen, als wollten sie sagen: O tempora, o mores!

Meine Kolleginnen und ich sind jedenfalls angetan von dem Striptease. Die männlichen Kollegen dagegen sind ein wenig verschnupft. »Das gefällt euch wohl ...« Die jungen Männer ziehen inzwischen seelenruhig ihre Sommerkleidung an – legere Bermudas. Dass sie angestarrt werden, stört sie nicht im Geringsten. Erleichtert packen sie ihre Winterkleidung ein.

Nach und nach verlassen die Passagiere den Warteraum. Manche starren die jungen Männer weiter an und tuscheln hinter vorgehaltener Hand. Die aber ignorieren die Blicke, die ihnen folgen, warten gut gelaunt in der Reihe und passieren uns grinsend. »Jetzert isch Sommerzeit!«, rufen uns die sparsamen Schwaben zum Abschied zu, die nun kein Schließfach mehr für ihre Winterkleidung brauchen.

EIN BABY ZU VIEL

Infants«, Kinder unter zwei Jahren, haben keinen Anspruch
auf einen Sitzplatz und müssen bei voll ausgebuchten Flügen
auf dem Sitz eines Erwachsenen untergebracht werden – nicht
selten eine Tortur für die Eltern. Aus Sicherheitsgründen ist
nur ein Baby pro Erwachsenem als Begleitung akzeptiert. Im
Notfall muss sich ein Erwachsener um ein Baby kümmern,
denn um zwei gleichzeitig ist fast unmöglich.

Eine Frau mit zwei kleinen Kindern, beide unter zwei Jahren,
ist auf dem Weg nach Vietnam zu ihrer Familie. Ihr Mann
kann sie auf dem Flug nicht begleiten. »Aus Sicherheitsgründen können Sie allein mit zwei Kindern unter zwei Jahren
nicht am Flug teilnehmen. Es ist nur ein Baby pro Fluggast
erlaubt – oder Sie zahlen für eines der Kinder zusätzlich ein
Ticket, dann hat es Anspruch auf einen eigenen Sitzplatz«,
muss ich der Vietnamesin mitteilen.

»Ich habe aber kein Geld, um mir noch ein Ticket zu kaufen!
Kann ich jemanden fragen, der mir ein Kind abnimmt?«, sagt
die Frau verzweifelt.

»In dieser Situation wohl die einzige Chance. Allerdings
wird es nicht einfach werden, jemanden zu finden. Über zwölf
Stunden ein Baby freiwillig auf seinem Platz zu übernehmen
ist bestimmt eine Herausforderung und nichts für schwache
Nerven.«

»Danke, dass Sie uns helfen wollen. Die Kinder sind bestimmt auch ganz brav und schreien kaum«, versucht mich die
Vietnamesin zu beschwichtigen.

Nach langem Herumfragen finden wir schließlich eine junge
Frau, die helfen will. Die Vietnamesin kann zusammen mit der
jungen Frau eingecheckt und die beiden Kinder auf die Frauen

»aufgeteilt« werden. Eine Last fällt von der jungen Mutter ab. »Mein Mann hat keinen Urlaub mehr und meine Schwester ist plötzlich sehr krank geworden. Ich muss doch zu ihr! Ich habe keine Verwandten hier und keiner kann mir die Kinder abnehmen. Vielen Dank, dass Sie mich unterstützen.«

»Nun kann ich schon üben«, sagt die junge Frau lächelnd. »Ich bin im vierten Monat schwanger.«

STANDBY –
WARTELISTE

Mit Standby-Tickets sind vor allen Dingen Beschäftigte von Fluggesellschaften oder Reisebüros unterwegs. Die Tickets sind sehr günstig – ein Privileg, das allerdings auch seine Tücken hat. Man wird nur mitgenommen, wenn im Flugzeug noch ein Platz frei ist. Sind dagegen die Flüge voll ausgebucht, kann es passieren, dass die Privilegierten unfreiwillige Tage des Wartens verbringen müssen.

Mit meinen Standby-Tickets möchte ich versuchen, die einwöchigen Herbstferien gemeinsam mit meinem Sohn in Bangkok zu verbringen. Doch die Vorfreude wird getrübt, denn der Flug ist überbucht. Wir werden auf die Warteliste gesetzt und müssen mit unserem Gepäck zum Flugsteig gehen, wo bereits andere Privilegierte warten. Die Chancen werden immer schlechter.

Kurz vor Abflug dürfen wir wieder nach Hause fahren, da es keinen freien Platz mehr in der Maschine gibt.

Am nächsten Tag erscheinen wir guten Mutes am Flughafen, um wieder auf der gefürchteten Warteliste zu landen. Der heutige Flug ist allerdings kein Direktflug und bedeutet, dass wir in Singapur umsteigen müssen, um nach Bangkok zu kommen.

Schließlich erhalten wir die gute Nachricht: Wir dürfen an Bord gehen und sind voller Vorfreude auf das ferne und unbekannte Asien. Vor uns liegen über zwölf Stunden Flugzeit und die Ungewissheit, Plätze auf dem Flug nach Bangkok zu bekommen – oder nicht.

Wir landen bereits am frühen Morgen in Singapur und begeben uns sofort zum Transfer-Schalter, um die Bordkarten für den Flug nach Bangkok zu bekommen. »Sorry, the flight is full«, lautet der knappe Kommentar. Der Flug nach Bangkok ist ausgebucht. Wir bekommen den Rat, auf den nächsten Flug mit eventuell freien Plätzen am späten Nachmittag zu warten.

Warterei und Ungewissheit sind nervtötend, genauso wie die Müdigkeit. Die Zeit will nicht vergehen und schleicht dahin. Schließlich gehen wir wieder voller Hoffnung zum Transfer-Schalter, um unseren Weiterflug antreten zu können. Die Antwort der Dame am Schalter lässt uns mit einem Schlag hellwach werden: »Sorry, the flight is full.«

Es bleibt uns nur noch der letzte Flug des Tages. Der Versuch erscheint uns aussichtslos, denn dieser Flug ist ebenfalls überbucht. Eine Übernachtung in der Stadt scheint uns die sinnvollere Entscheidung zu sein. Des Wartens und der Müdigkeit überdrüssig gehen wir zur Passkontrolle. Ich suche im Handgepäck nach unseren Reisepässen und halte plötzlich den Bangkok-Reiseführer in der Hand. Wir können uns das Lachen kaum verkneifen, denn wir brauchen ihn jetzt nicht – für Singapur.

Nach einigen Stunden Schlaf bummeln wir über die Orchard Road, Singapurs berühmte Shopping-Meile. Wir bekommen einen kleinen Eindruck von dieser kosmopolitischen Stadt. Dann beginnt uns unser unfreiwilliger Aufenthalt in Singapur zu gefallen. Nach einem schönen asiatischen Abendessen gehen wir zurück zum Hotel und bitten um frühes Wecken am nächsten Tag, um es mit dem ersten Flug nach Bangkok zu versuchen.

Das frühe Aufstehen hat sich nicht gelohnt, denn die Antwort am Flughafen ist sehr ernüchternd: »Sorry ...« Das Gesicht meines Sohnes hat inzwischen die Farbe gewechselt, während er resigniert seinen Rucksack abstellt.

Ich frage den anwesenden Stationsleiter: »Haben wir bessere Chancen, wenn ich für uns ›normale‹ Tickets kaufe, als mit meinen Standby-Tickets?«

»Allerdings. Eine Garantie haben Sie dennoch nicht«, lautet die ehrliche Antwort. »Also ohne Gewähr, wie die Lottozahlen«, stelle ich fest, während der Stationsleiter zustimmend nickt.

Eine weitere Stunde vergeht. Plötzlich hören wir unsere Namen und gehen zum Schalter. »Da haben Sie aber Glück! Gerade haben wir erfahren, dass einige Gäste ihre Flüge storniert haben«, sagt der Stationsleiter freundlich. »Sie können jetzt einchecken.«

Endlich kommen wir in Bangkok an und fahren gleich mit dem Taxi in die Stadt. Mein Sohn ist nicht mehr müde, sieht konzentriert aus dem Fenster. Der Verkehr ist – wie der Fahrstil – unglaublich chaotisch. Lautes Gehupe, quietschende Reifen und Motorradfahrer, die von allen Seiten kommen, schwer bepackt und mit totaler Überlastung von Mensch und Material, lassen uns im Taxi manchmal zusammenzucken.

Vor dem Hotel steigen wir aus und sind nach wenigen Minuten wieder auf der Straße. Da wir einen Tag später angekommen sind, ist unser Zimmer nicht mehr frei und das Hotel ausgebucht. »Sorry ...« Auf dieses Wort des Bedauerns reagieren wir inzwischen sehr sensibel. Mit hängenden Schultern schleichen wir durch die Dunkelheit. Verloren wie Hänsel und Gretel laufen wir in Bangkok herum. Während wir uns unterhalten, werden wir von einer jungen Thailänderin angesprochen: »Entschuldigung, dass ich Ihnen zugehört habe. Ich lebe in Hamburg und besuche hier meine Familie. Kann ich Ihnen helfen?«

»Ja, vielen Dank«, sage ich überrascht. »Gibt es noch ein Hotel hier in der Nähe?«

»Ja, ich kann Sie gleich hinbringen«, lacht die junge Frau

und führt uns zwei Straßen weiter zu einem kleinen Hotel. Sie begleitet uns noch zur Rezeption und verhandelt mit dem Angestellten, damit der uns einen günstigen Preis gibt. Dann verabschiedet sie sich mit einer leichten Verbeugung. »Ich wünsche Ihnen noch viel Spaß hier in Bangkok!«

Am nächsten Tag stürzen wir uns ins Verkehrsgewühl und besichtigen Tempel, bis uns die Füße nicht mehr tragen. Am zweiten Tag sind die »Konsum-Tempel« an der Reihe: Einkaufen und um den Preis feilschen ist ein besonderer Spaß. Die Tage vergehen wie im Fluge und die freundlichen Menschen sowie das gute Essen machen uns Freude.

Zum Abschluss lade ich meinen Sohn zu einem besonderen Abendessen ein. Zum Glück suchen wir verschiedene Menüs aus. Einige Stunden später muss ich einen Arzt ins Hotel rufen, der eine schwere Lebensmittelvergiftung feststellt und mich fast ins Krankenhaus einweisen lassen möchte.

»Morgen muss ich unbedingt nach Europa zurück. Die Schulferien sind zu Ende und mein Urlaub ebenfalls«, sage ich matt. »Gibt es noch eine andere Möglichkeit, oder kann ich es vielleicht mit Medikamenten schaffen?«

»Ich kann Ihnen Medikamente mitgeben, die Sie mit viel Flüssigkeit zu sich nehmen müssen. Eventuell könnten Sie es schaffen. Allerdings werden Sie sehr schwach sein. Ich kann es Ihnen nur genehmigen, weil Sie nicht alleine reisen«, sagt der Arzt und sieht meinen Sohn skeptisch an. Nachdem er mir Tabletten und eine Spritze verabreicht hat, packt der Arzt noch verschiedene Medikamente ein und präsentiert die Rechnung – mit einem bedauernden »Sorry ...« selbstverständlich.

Morgens fahren wir zum Flughafen. Wir hoffen, Plätze für den Flug nach Singapur zu bekommen. Abends soll es dann nach Frankfurt weitergehen. »Sorry ...«, sagt die junge Frau in Uniform. »Der Flug nach Singapur ist leider total ausgebucht und Ihre Chancen sind sehr schlecht.«

»Vielen Dank, schlecht ist mir ohnehin«, sage ich. Mein Sohn rechnet mit einer längeren Wartezeit, nimmt sein Buch und entschwindet aus der realen Welt.

Nach quälenden Stunden des Wartens verlassen wir endlich Bangkok und landen später voller Zuversicht in Singapur. Meine Nahrung besteht aus Medikamenten und Tee, während mein Sohn eine große Portion Eis genießt. Die Spannung wächst, ob im Flugzeug nach Frankfurt noch Plätze frei sein oder wir wieder in der Stadt übernachten werden. Wir haben noch einige Stunden Zeit bis zum Abflug.

Dann stellen wir uns schließlich mutig am Standby-Schalter an. Einige Minuten später ist der Mut dahin. »Sorry ...« Mein Sohn ist inzwischen blasser als ich. Plötzlich entdecken wir auf der Anzeigetafel, dass es noch einen anderen Flug nach Frankfurt gibt. Wir fragen nach der Genehmigung, mit der anderen Fluggesellschaft fliegen zu können. Wir bekommen sie schließlich mit einem freundlichen Hinweis: »Der Flug geht bereits in einer halben Stunde. Sie müssen sich beeilen!«

»Ja, wir gehen sofort«, kann ich gerade noch sagen, während mein Sohn bereits losmarschiert.

Abgehetzt erreichen wir nach wenigen Minuten gerade noch rechtzeitig das Flugzeug und lassen uns erleichtert auf unsere Plätze fallen. Plötzlich bricht bei meinem Sohn unkontrollierte Heiterkeit aus. Er hält mir die Speisekarte hin und sich den Bauch vor Lachen. »Auf dem Flug von Singapur nach Bangkok erhalten Sie ...« Wir fliegen also dorthin zurück, wo wir unter so schwierigen Bedingungen abgeflogen waren! Nun muss ich auch lachen.

»Auch wenn Sie offensichtlich keine Flugangst haben, sollten Sie sich jetzt besser doch anschnallen!«, sagt die Stewardess freundlich. »Wir starten in wenigen Minuten.«

»Wir folgen gerne dieser Aufforderung«, sagen wir fast gleichzeitig und lehnen uns entspannt zurück. Der Flug ist nicht ausgebucht, die Sitze neben uns bleiben leer.

Beim Aufenthalt in Bangkok stellen wir fest, dass die Sitze in unserer mittleren Reihe nicht ausgegeben wurden. Die Chancen sind gut, dass wir eventuell schlafen können. Die Maschine verlassen wir nicht, denn so langsam sind wir der Flughäfen überdrüssig. Nach dem Start haben wir noch über zehn Stunden Flugzeit vor uns, die wir dann im Tiefschlaf hinter uns bringen.

Kurz vor der Landung in Frankfurt besteht mein Frühstück aus einer Tasse Tee, etwas trockenem Brot und den restlichen Medikamenten. Danach lege ich etwas Rouge auf die blassen Wangen. Das Flugzeug rollt auf Position. Ich verlasse es auf wackeligen Beinen.

Dann treffe ich einen Kollegen, der mich bewundernd ansieht. »Mensch, siehst du toll aus!«, sagt er begeistert. »Dein Urlaub muss ja super gewesen sein!« Danach wendet er sich meinem Sohn zu. »Der Junior ist aber ein bisschen blass um die Nase.«

»Ist wohl die Müdigkeit«, sagen wir schmunzelnd. Der Gewichtsverlust durch die Lebensmittelvergiftung sowie der Standby-Privileg-Stress haben sich wohl vorteilhaft auf mein Äußeres ausgewirkt.

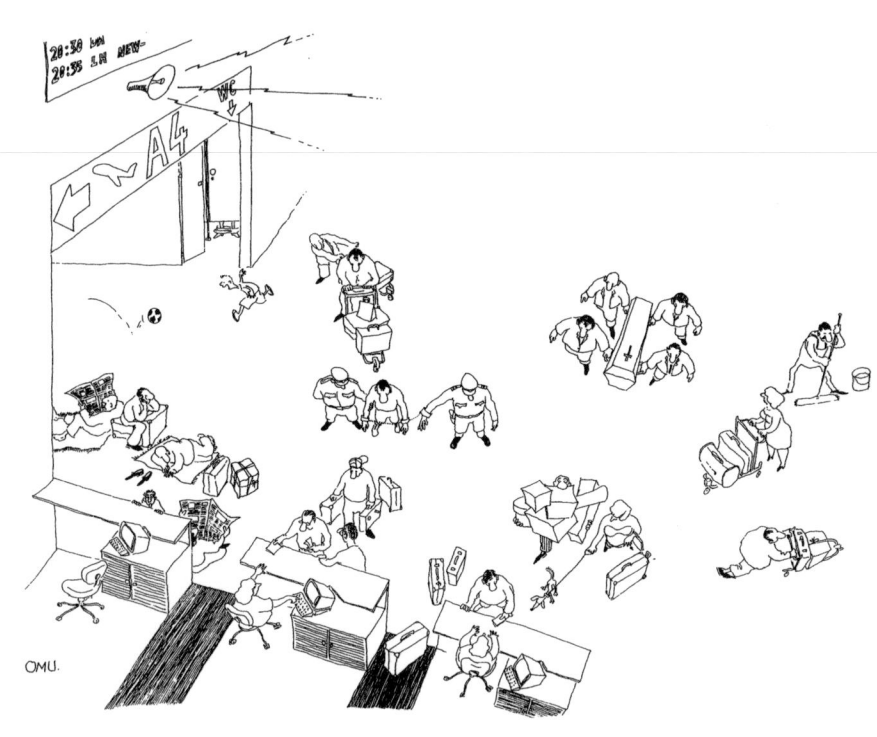

DIE VERKLEIDUNG

Manchmal kommt es vor, dass Passagiere kurz vor Abflug verhaftet werden. Das überrascht dann nicht nur die Betroffenen, sondern auch Personal und andere Fluggäste.

Bei einem Flug in eine europäische Stadt werden wir informiert, dass die Polizei um Unterstützung bittet. Die Beamten erscheinen bereits einige Minuten später am Warteraum. Sie nennen uns einen Namen, auf den wir achten sollen. Der Gesuchte hat bereits sein Gepäck aufgegeben und die Bordkarte für den Anschlussflug erhalten.

Beamte in Zivil sind von anderen Fluggästen nicht zu unterscheiden. »Falls der Gesuchte kommt, geben Sie uns bitte ein unauffälliges Zeichen«, sagt einer der Beamten freundlich und zeigt uns, wie wir ihn auf uns aufmerksam machen sollen. »Der Flug ist pünktlich«, antworten wir laut auf eine Frage, die nicht gestellt wurde. Die Beamten in Zivil wollen wie Passagiere wirken.

Wir haben ein mulmiges Gefühl, da wir keine Ahnung haben, was der Gesuchte verbrochen hat. Viel Zeit zum Nachdenken bleibt uns allerdings nicht. Plötzlich steht er lächelnd vor uns. Sein Lächeln zu erwidern fällt uns nicht leicht, während er langsam in den Warteraum geht. Wir geben das verabredete Zeichen. Nichts passiert, die Beamten lassen ihn ungehindert den Warteraum betreten, wo ihre Kollegen sitzen – ebenfalls in Zivil.

Die Maschine ist bereit zum Einsteigen. Die ersten Gäste gehen bereits an Bord. Wir trauen unseren Augen nicht, als auch der Gesuchte ungehindert das Flugzeug betritt. Zwei Beamte begleiten ihn, ohne dass er eine Ahnung hat. Erst jetzt werden wir informiert, dass es sich um einen Drogenkurier handelt.

»Wir überprüfen noch, ob er einen Komplizen hat, der im Flugzeug auf ihn wartet, und nehmen ihn dann mit.«

Kurz darauf kommen die Beamten von der Maschine zurück. Den Gesuchten haben sie in ihre Mitte genommen und führen ihn in Handschellen ab. Auf die Verhaftung reagieren nicht nur Passagiere überrascht, denn der Drogenkurier hat eine fast perfekte Tarnung: schwarzer Anzug, weißer Stehkragen sowie eine lange Holzperlenkette, an der ein großes Holzkreuz hängt. Ein älterer, harmlos aussehender Priester aus Südamerika.

OMU.

SEXTOURISTEN-DIALOGE

R aucher- oder Nichtraucherzone?«
  »*Erogene Zone!*«

»Sie können mich neben eine attraktive Lady setzen, dann kann ich schon mal üben. Soll im Flugzeug ja besonders toll sein!«
  »*Die Übung ist im Ticketpreis nicht enthalten.*«

»Kennen Sie sich in Bangkok aus?«
  »*Ja. Was möchten Sie denn wissen?*«
  »Ei, was so was kostet – und wo was los ist.«
  »*Was meinen Sie denn?*«
  »Ach, da frage ich lieber Ihren Kollegen.«

»Haben Sie ein Visum für Thailand?«
  »*Brauche ich nicht – bleibe nur drei Wochen. Danach bin ich sowieso totgebumst!*«

»Gibt es auch deutsches Bier an Bord?«
  »*Ja, es gibt deutsches Bier an Bord.*«
  »Was für ein Glück, keine deutschen Stewardessen!«
  »*Wieso ist das für Sie ein Glück?*«
  »Die Schlitzaugen sind viel knackiger!«

»In Asien kriegt man noch was für sein Geld!«
  »*Ja. – Gib Aids keine Chance.*«

»Möchten Sie Raucher- oder Nichtraucherplätze?«
  »*Ei, Raucher natürlich! Und hoffentlich haben die auch genü-*

gend zum Saufen an Bord. Dann können wir uns schon richtig auf die Mädchen freuen!«

»Guten Flug.«

»Ei, guten Rutsch könnten Sie uns eigentlich auch wünschen!«

»Haben Sie Gepäck zum Aufgeben?«

»Nee. Nur Handgepäck. Mehr als eine Badehose, einige Unterhosen und Kondome braucht man doch nicht!«

»Haben Sie auch ein Ganzkörperkondom dabei?«

»Ich habe noch Sachen, die ich dem Zoll zeigen will, wegen der Rückerstattung der Mehrwertsteuer.«

»Wo sind Ihre Sachen – im Gepäck oder in Ihrem Handgepäck?«

»An meinen Füßen. Ich habe mir neue Schuhe und eine Kiste Kondome gekauft.«

»Ach, Letztere auch für die Füße?«

»Gibt es Kondome an Bord?«

»Die Passagiere haben bestimmt welche dabei.«

»Möchten Sie Plätze zusammen haben?«

»Na klar! Alle zusammen in der Trinkerzone. Rauchen wäre natürlich auch nicht schlecht.«

»Trinken können Sie überall an Bord. Allerdings ist es ein Nichtraucherflug.«

»Solange das Bumsen nicht verboten ist, können wir auf das Rauchen verzichten.«

»Sie haben jetzt Plätze in der Trinkerzone – alle zusammen. Mit dem Bumsen müssen Sie allerdings noch warten, wie mit dem Rauchen auch: bis nach der Landung.«

»Ich bin froh, dass ich euch hässliche Vögel in Deutschland für einige Wochen nicht mehr sehen muss!«

»*Warum? – Sind Sie Ornithologe?*«

RÜCKGABERECHT

Eine sehr junge Asiatin erscheint mit ihrem Begleiter. Sie macht einen verstörten Eindruck und spricht kaum Deutsch. Ihr Begleiter ist Deutscher.

»Einchecken! Ist mir egal, wo die sitzt!«, brüllt der Mann und wirft Reisepass und Tickets auf den Schalter, während sie zusammenzuckt.

»Kommen Sie allein zurecht?«

»Ich weiß nicht«, antwortet sie leise, ohne mich anzusehen.

»Passen Sie auf! Die bringe ich schon selber zur Passkontrolle, worauf Sie sich verlassen können! Dann weiß ich auch, dass die wirklich abfliegt!«, schreit ihr Begleiter, während die anderen Fluggäste ihn fassungslos mustern. »Machen Sie mal schneller und glotzen Sie nicht so!«, fährt der Mann ungeniert fort. »Ich habe noch etwas Besseres zu tun!«

»Mit Ihnen muss man richtig Mitleid haben«, sagt ein junger Mann, der die Situation mit Interesse verfolgt hat. »Sie werden nie einen Tauchkurs machen können, denn Sie sind so hohl – Sie können nicht untergehen!«

»Kümmern Sie sich doch um Ihren eigenen Mist!«

Ich überreiche der jungen Frau die Reiseunterlagen, die sie wortlos nimmt, aber nicht lange behält. Ihr Begleiter reißt sie ihr aus der Hand, während er sie zur Seite schubst. Laut schimpfend verlässt er schließlich den Schalter.

Auf dem Weg zum Ausgang finden wir die junge Frau später hinter der Passkontrolle, vor der großen Informationstafel. Wir nehmen sie mit zum Flugzeug und übergeben sie gleich an die Crew. Die junge Frau ist erleichtert, sich in ihrer Muttersprache unterhalten zu können. Eine der Flugbegleiterinnen übersetzt: »Sie hat Angst und kein Geld. Ihre Familie wohnt weit entfernt von der Hauptstadt. Sie schämt sich, nach Hause zu gehen. Ihre Familie weiß nicht, dass es keinen Bräutigam, sondern einen Zuhälter gibt.«

Kurz vor Abflug bringt ein Kollege zwei weitere junge Asiatinnen zum Flugzeug, die von zwei deutschen Männern nicht gerade zimperlich »abgegeben« wurden. Die Herren sind sichtlich erleichtert und sagen: »So – die simmer endlisch los! Jetzt könne mer in aller Ruh a Bier trinke gehe!«

MENSCHENFRACHT

Eine junge Frau aus dem östlichen Europa ist in Begleitung eines Mannes, der durch sein aggressives Verhalten auffällt. Bereits nach wenigen Minuten wissen wir, dass hier ein Mitbringsel aus dem Urlaub abgegeben wird. Das Mitbringsel aus Fleisch und Blut muss das Land verlassen. Das Haltbarkeitsdatum der Menschenfracht ist abgelaufen.

»Fliegen Sie allein oder zu zweit?« Die Routinefrage löst eine wütende Reaktion aus.

»Zurück kann die Alte gefälligst allein fliegen! Die Aufenthaltsgenehmigung ist abgelaufen. Die muss weg!«

Ich frage nach den Reiseunterlagen der jungen Frau. Danach bitte ich den unfreundlichen Herrn, ihr mit dem Gepäck zu helfen. Der Bitte kommt er nur widerwillig nach und knallt es mit voller Wucht auf das Gepäckband.

»Ich habe aber noch mehr Gepäck. Ist das ein Problem?«, fragt die junge Frau leise.

»Ja, es ist ein Problem und leider auch sehr teuer«, versuche ich ihr zu erklären, komme aber nicht weiter, da ihr Begleiter sich wieder lautstark einmischt.

»Ist mir doch egal! Dann zahle ich das Übergepäck!«, brüllt er und wirft Geldscheine auf den Schalter. »Jetzt beeilen Sie sich!«

»Sie können am Schalter nebenan das Übergepäck bezahlen«, informiere ich den Herrn, der sich schimpfend abwendet.

Nach wenigen Minuten kommt er zurück. Die junge Frau steht mit gesenktem Kopf da und weicht seinem Blick aus. Als ich ihr Flugschein und Reisepass zurückgeben möchte, reißt der Mann mir die Unterlagen voller Wut aus der Hand.

»Jetzt mach dich aber hier weg! Blöde F...! – Du kostest mich nur Geld – du Fehlinvestition!«, brüllt er und zerrt die junge Frau grob am Arm und vom Schalter weg. Um die Blicke und Bemerkungen der anderen Fluggäste schert er sich keinen Deut.

Einige Stunden später kommen wir gerade von einem anderen Flug zurück und trauen unseren Augen nicht, als wir den Begleiter der jungen Frau durchs Terminal gehen sehen. Mit einem neuen »Schützling« läuft er an uns vorbei, den Arm um die junge Frau gelegt. Wir können gerade noch hören:

»Du wirst sehen, ich werde mich um dich kümmern, denn ich bin dein Freund ...«

»Eine neue Bestellung aus dem Menschen-Katalog ist eingetroffen«, sagt ein Kollege resigniert.

HAUSTIERE

Ein Passagier hat zu viel Gepäck. Andere wartende Gäste folgen interessiert der lautstarken Diskussion. Diese entwickelt sich zu einem entlarvenden Statement über asiatische Ehefrauen sowie deren Vorteile.

»Sie haben zu viel Gepäck – fast für zwei Passagiere«, versuche ich dem Herrn zu erklären.

»Ei, hören Sie mal! Ich muss das alles mitnehmen. Ich heirate nämlich bald und muss die jetzt abholen. Die Familie, das sind doch so viele da. Ha, die vermehren sich doch wie die Karnickel im Stall. Jetzt stellen Sie sich gefälligst nicht so an und drücken Sie mal ein Auge zu!«

Diese sind allerdings weit geöffnet, nach den Sätzen über die vermeintliche asiatische Hasenfamilie.

Ich versuche die fruchtlose Diskussion zu beenden: »Wenn Sie das Übergepäck nicht bezahlen wollen, können Sie es per Luftfracht schicken. Es ist billiger, wird allerdings nicht auf diesem Flug befördert, sondern auf einem späteren in den nächsten Tagen«, schlage ich vor. Dafür ernte ich allerdings nur höhnisches Gelächter.

»Ei, jetzt reicht aber der Quatsch! Ich bin doch nicht bekloppt! Die da unten kosten mich schon genug Geld. Bin froh, wenn die Alte endlich hier ist«, sagt er grinsend.

»Lassen Sie also Ihr Übergepäck hier?«, insistiere ich so freundlich wie möglich.

»Da bleibt das Gepäck eben da. Kriegen die da unten die Geschenke erst nächstes Jahr. Das ist mir jetzt auch egal!«

Andere wartende Fluggäste schütteln wortlos den Kopf. Überhaupt ist es sehr still geworden, während der Herr weiterdiskutiert.

»Hat Sie jemand zum Flughafen begleitet, der Ihr Gepäck wieder mitnehmen kann?«, frage ich schließlich und hoffe auf ein Ende dieser leidigen Debatte.

»Ja, mein Schwager.«

»Damit ist dieses Problem gelöst. Sie können in die Flitterwochen fliegen«, sage ich erleichtert und wünsche dem Herrn einen guten Flug.

»Von wegen Flitterwochen!«, empört er sich. »Erst kommt die Alte her und hier wird geheiratet. Dann weiß die auch gleich, wo es langgeht!«

ALLE HÄNDE VOLL

Hektisches Treiben am Flugsteig. Der Langstreckenflug ist mit fast 400 Gästen ausgebucht. Telefone klingeln pausenlos, Stimmen aus den Funkgeräten versuchen sich Gehör zu verschaffen, während die Geräuschkulisse von Kindergeschrei abgerundet wird.

Die meisten Fluggäste lassen sich ihre gute Urlaubslaune nicht durch das Geschiebe und Gedränge am Flugsteig verderben. Einen der Gäste frage ich freundlich nach seiner Bordkarte. Der Herr hält in der einen Hand eine Aktentasche und in der anderen eine Einkaufstüte. »Ich bin Erste-Klasse-Passagier! Und die Bordkarte ist in meiner Hosentasche. Die können Sie sich da rausholen. Stellen Sie sich nicht so an!«, sagt der Herr und bleibt demonstrativ vor mir stehen.

»Das geht leider nicht, denn Leibesvisitationen führen wir hier nicht durch«, erwidere ich.

»Unverschämtheit! Sie können nicht gewinnen – ich bin schließlich der Kunde!« Wütend stellt er seine Aktentasche auf den Boden und kramt mit fahrigen Bewegungen seine Bordkarte aus der Hosentasche hervor.

»Vielen Dank und guten Flug«, sage ich lakonisch.

Der nächste Gast schüttelt den Kopf. »Sie haben hier aber keinen leichten Job. Das ist wohl so einer, der es kaum abwarten kann – so ein Sextourist«, sagt er lachend. »Ihre Antwort eben war gut. Wenn Sie wieder solch eine Aufforderung erhalten, können Sie dem Gentleman sagen: Wonach soll ich in Ihrer Hose suchen – ist ja sowieso nichts da!«

Die Autorin

Caroline Stöppler, geboren 1953 in Kroatien, lebt seit ihrem zweiten Lebensjahr in Deutschland. Seit 1980 arbeitet sie am Flughafen Frankfurt bei den Bodenverkehrsdiensten, die Fluggäste betreuen und ihnen bei der Orientierung helfen, in diesem großen Schmelztiegel verschiedener Nationalitäten – täglicher Treffpunkt der Weltbevölkerung.

Homepage: www.caroline-stoeppler.de

Bisher von Caroline Stöppler erschienen:

New New York
ISBN 978-3-8330-0805-4

Caroline Stöppler präsentiert in diesem Reisebuch über New York die Stadt in Wort und Bild – vor und nach dem 11. September 2001. Zugleich gibt sie zahlreiche Anregungen und nützliche Tipps für die eigene USA-Reise.

Leben nach Plan und andere Irrtümer
ISBN 978-3-8334-2324-6

Wieso braucht eine dreiköpfige Familie vier Flugtickets nach Thailand? – Damit die verstorbene Schwester neben ihr sitzen kann, erklärt das kleine Mädchen der Reisebüroangestellten. Sie soll in ihrer Heimat im Tempel beigesetzt und als Schmetterling wieder geboren werden.
Aus solch ungewöhnlichen Perspektiven erzählt die Autorin Caroline Stöppler ihre Geschichten und überrascht den Leser immer wieder mit den wunderlichsten Ausgängen.